고맙다, 오늘도 버텨주어서

치열한 삶을 포기하지 않고 버텨낼 때 들리는 그분의 음성

"고맙다, 오늘도 버텨주어서"

임동수

규장

끝까지 주님의 손을 놓지 않으려는
간절한 동행의 기록

"저도 정말 주님과 친밀히 동행할 수 있을까요?"
"주님과 친밀히 동행하는 삶이 특별한 은총을 받은 한두 사람은 몰라도, 모든 그리스도인에게 허락되었다고 믿을 수 있을까요?"

예수동행운동을 하면서 자주 듣게 되는 질문입니다. 그런 질문을 하는 성도들의 마음은 복잡한 것 같습니다. 주님과 친밀히 동행하고자 하는 너무나 간절한 갈망이 있지만, 그것이 현실을 살아가는 자신의 삶에서 불가능하다는 좌절도 있습니다.

그럼에도 제게는 이 질문이 너무 귀하게 여겨집니다. 주님과 친밀히 동행하는 것이 불가능해 보여도 포기하지 않고 있다는 증거이기 때문입니다. 자포자기하는 마음으로 세상 흘러가는 대로 살아가지 않고 여전히 주님을 향한 간절한 소원을 가지고 그렇게 살아내기 위하여 몸부림치는 사람들의 마음을 느낄 수 있기 때문입니다.

이 책은 그런 질문과 영적 갈망에 대한 한 선교사의 자기 고백을 담고 있습니다. 그도 매일의 삶에서 좌절하기도 하고, 포기하고 싶은 마음이 들기도 했었지만, 그때마다 그럼에도 불구하고 함께하시는 주님을 온 마음으로 더듬어 찾았습니다. 그때마다 내미시는 주님의 손을 발견했고, 그 손을 끝끝내 놓지 않으려는 간절함을 매일의 글에 담아내고 있습니다.

그렇기에 이 책은 선교사의 선교행전을 기록한 것이라기보다 이 시대를 살아가는 누구나 겪을 수 있고, 만날 수 있고, 당면하게 되는 평범한 삶의 이야기입니다. 작고 소박한 일상의 삶이지만 그냥 흘려보내지 않고 그 안에 담긴 주님의 마음과 자기 성찰의 이야기들을 담고 있습니다. 그렇기에 이 시대를 살아가는 모든 크리스천에게 때로는 공감을, 때로는 위로의 메시지가 됩니다.

지난번 《녹슬지 않고 닳아 없어지길 원합니다》에 이어 이번 《고맙다, 오늘도 버텨주어서》를 통해서 우리가 오늘의 일상에서 주님을 만나고 동행할 수 있음을 알게 됩니다. 주님의 마음을 품음으로써 자신의 마음을 점검하고 다시금 삶의 자세를 새롭게 하는 거룩한 시도가 이 책을 읽는 모든 분에게 함께하기를 기대합니다.

거대한 세상을 변화시키는 것은 탁월한 몇 사람의 업적이 아니라 말씀대로 믿고, 그 뜻대로 살아가려고 몸부림치는 수많은 작은 자들로 인하여 이루어집니다. 이 책을 통하여 우리는 그 확신을 갖게 될 것입니다. 그리고 우리 한 사람 한 사람이 주님과 친밀히 동행하는 증인이 될 것입니다.

유기성 ㅣ 위지엠 이사장

부르신 그곳에서 오늘도 우직하게!
친밀한 동행과 신실한 순종의 스토리

하나님의 사랑을 담담히 고백한 임동수 선교사님의 두 번째 책을 소개할 수 있어 진심으로 감사합니다.

"진심은 통한다"는 말이 있습니다. 임동수 선교사님의 고백적 글은 가슴을 울리는 진심이 담겨 있습니다. 글을 읽어 갈수록 밀도 있는 진심과 그 속에 흐르는 깊은 영성이 제 마음을 끓어오르게 했습니다.

또한 하나님과 연애편지를 주고받듯 짙은 사랑과 친밀한 정감이 문장마다 녹아들어 있어서 마음에 따뜻함과 위로를 받았습니다. 세 번의 선교비 중단과 육신의 질병을 앓으면서도 끝까지 사명의 자리를 지키고 살아냈던 선교사님의 신앙고백이 책장 켜켜이 묻어납니다. 구절마다 새겨진 하나님 사랑이 제 마음 한편에도 따뜻한 모닥불처럼 은은히 스며드는 것 같아 감사했습니다.

술술 읽히는 선교사님 글은 꼭 시편을 읽는 것 같습니다. 기도가 곤 삶이 되어 "나는 기도라" 고백했던 다윗의 시편처럼, 일상에서 하나님과의 관계를 떠올리며 촘촘히 교제했던 선교사님의 친밀한 동행 여정이 이 책에 고스란히 기록되어 있습니다.

작게 움튼 나무 싹 하나에서도 '주님의 선하심'을 발견해내는 선교 사님의 영적 인사이트에 깊은 감동을 받았습니다. 마지막 장을 덮고도 사라지지 않는 여운을 되새기며, 하나님의 마음을 시원케 해드리는 인생만큼 복된 일이 또 있을까 하는 감동이 밀려옵니다.

평소에도 존경하는 선교사님의 신실한 순종의 스토리를 읽을 수 있어 정말 감사했습니다. 또한 하나님을 기쁘시게 하는 최고의 대접인 기도가 쌓여 은혜의 소낙비로 쏟아지는 선교사님의 삶의 고백에 귀한 영적 도전을 받았습니다.

오늘도 여전히 우직하게 부르신 소명의 그 자리를 지키고 버텨가는 분들에게 큰 위로와 격려가 될 것을 기대하며 이 책을 기쁨으로 마음 다해 추천합니다.

최상훈 | 화양감리교회 담임목사

주님은 삶의 현장에서 분투하는
우리를 바라보며 말씀하십니다

매일의 삶은 전투입니다. 그렇기에 우리의 일상의 자리는 전쟁터이
며, 우리의 대적은 우리를 미워하고 해하려 하는 무리들이라고 생각
합니다. 그러나 그보다 더 자주 우리의 전쟁터가 되는 곳은 우리의
마음 한복판이며, 우리의 대적이 되는 존재도 타인이 아닌 내 안에서
요동치는 나 자신의 자아입니다.

삶의 현장에서 만나는 모든 어려운 상황과 분노할 만한 사건들로
우리의 마음이 상할 때 우리는 본능적으로 그 원인을 찾게 되고, 어
김없이 나를 괴롭게 하는 이들의 이름을 그 자리에 앉힙니다. 그 자
리에 내 이름을 앉힌 적은 한 번도 없이 말입니다.

아무리 힘들어도 도망쳐서는 안 됩니다

우리는 매일 싸웁니다. 끝나지 않을 것 같은 영원한 반복을 계속
하는 것은 매일 다른 모양의 어려움과 근심이 우리의 영역에 허락 없
이 거칠게 발을 들여놓기 때문입니다.

"고맙다, 오늘도 버텨주어서"

　때로는 그 싸움에 승리하였다고 뽐내기도 하지만, 더 많은 경우에는 흠씬 두들겨 맞은 채 너덜너덜해진 몸과 마음을 부둥켜안고 슬퍼하거나 절망하기도 합니다.

　그렇게 나를 짓누르고 절망감에 빠트리는 존재가 나의 대적자인 경우도 있으나 안타깝게도 대부분의 경우에 나를 패배감으로 무기력하게 만드는 존재가 다름 아니라 바로 '나'인 경우가 얼마나 많은지 모릅니다. 내가 나로 인해 상처받고, 나로 인해 분노하고, 나로 인해 절망하는 이 아이러니한 상황을 견디기 힘들어합니다.

　분명 매일의 삶은 전투입니다. 하지만 그 전쟁은 이미 주님이 결론 지으셨습니다. 주님이 이미 전쟁을 이기셨고, 우리는 그저 남은 몇몇 전투에서 분투 중일 뿐입니다. 그렇기에 우리가 이 전투에서 쓰러지지 않고 끝까지 버텨낸다면 이미 승리한 전쟁의 결과로서 우리는 영원한 승전가를 부를 영광의 자리에 당연히 서게 될 것입니다.

따라서 우리는 우리의 삶이 다하는 날까지, 즉 전쟁의 승리가 모든 지경에 다 전파되어 모든 전쟁이 멈추는 때까지 버티고 살아내야 할 사명이 있습니다.

그렇기에 매일의 삶의 가치가 너무나 소중합니다. 하루하루 분투하고 믿음을 점검하며 또 지켜내려는 몸부림이 그 전투를 훌륭하게 치러내고 있다는 거룩한 증거이기 때문입니다.

매일의 도우심은 매일의 기록 속에 오롯이 증명되어집니다. 하루의 끝자락에서 오늘도 주님의 도우심으로 하루를 숨 가쁘게 버텨냈다는 고백을 기록하는 것은 강력한 망각의 힘을 두려워함이 아니라 내일 다시 주어질 새로운 도우심을 기대할 수 있는 영적 자양분이 되기 때문입니다. 기억은 잊혀져도 기록은 남기 때문이며 그것이 쌓여 귀한 고백이 되기 때문입니다.

우리의 모든 삶의 자리에서, 그것이 선교지가 되었든, 고국의 어느 이름 없는 들판이 되었든, 그렇게 매 순간 도우시는 주님의 손을 맞잡고 발맞추어 살아온 고백들의 합(合)이 모여 각 사람에게 서로의 나

눔의 제목이 된다면 폭풍 같은 현실에도, 광야 같은 상황에도, 절망보다는 소망을, 좌절보다는 다시 서게 됨을 불러오게 할 거룩한 힘이 될 줄 믿습니다.

2020년 7월부터 2023년 8월의 영성일기가 담긴 이 책에서 저는 지극히 평범한 일상의 순간들 안에 일하시는 주님이 얼마나 우리 안에 충만하게 자리하시는지, 그 사랑하심의 광대하심을 다 담아낼 수 없어 가슴이 먹먹한 그 감격을 얼마나 나누고 싶어 하시는지, 그리고 무엇보다 나 자신이 얼마나 연약하고 흔들리며 자라가는 존재인지를 나누고 싶었습니다. 혹시 그와 같은 마음을 가져본 적이 있거나 그와 같은 상황에 처해 있는 분들에게 힘과 위로가 되길 원하는 마음을 담았습니다.

주님은, 언제나, 동일하게, 선하십니다.

임동수

추천사
프롤로그

part 1　내 안에 그리스도의 흔적 · 23

그래 아들아, 내가 널 사랑한단다 / 넉넉히 이길 힘을 주시는 주
님 / 얼마나 좋을까요 / 주님께 내 마음을 올려드립니다 / 당신
이 계심으로 인해 / 성령의 단비를 부으소서 / 그날의 죄는 그날
에 용서받아야 합니다 / 며칠입니다 단 며칠입니다 / 목적인 한
가지이며 결론도 한 가지인 삶 / 굴러떨어짐의 은혜 / 내 마음의
길로 오소서 / 준비하고 있습니까? / 가장 귀한 것을 선택해야
합니다 / 내 마음 길을 말끔하게 치우소서 / 매일의 은혜가 기적
의 기준이 되게 하소서 / 당신 안에 있는 그리스도의 흔적을 보
여주십시오 / 걱정을 이긴 주님을 찬양합니다 / 어느 길로 갔느
냐 vs 누구와 갔느냐 / 이미 이루심을 믿습니다 / 우리 가운데 비
추소서 / 완전한 밀도 되신 성령님, 내 안에 충만하소서 / 바라봄
은 사랑함으로 인한 것이며, 사랑함은 닮아감으로 나아갑니다 /
매 순간 기도하게 하시는 이유 / 생명의 강이 되어 은혜의 공급
자가 되게 하소서 / 가리우심의 은혜 / 이 땅의 교회들을 치유하
소서 / 내 안에 완전한 신뢰와 순종의 역사를 이루소서 / 당신의
은혜를 아끼지 마시옵소서! / 지금까지 지키신 주님, 오직 당신
이 키워주시옵소서 / 영원하지 않은 이 생명을 드려 영원한 삶을
얻게 하소서 / 온전한 비움은 온전한 채움을 위해서입니다

part 2 주님의 빛을 비추소서 • 83

주님, 내 마음에 쌓인 것과 치워야 할 것이 무엇인가요? / 매일 내 안에 흘러 들어와 내 안을 채워야 할 것 / 거룩한 통로가 되게 하소서 / 헐고 다시 세워야 합니다 / 기도하게 하심의 이유 / 염려하지 않고 핑계하지 않겠습니다 / 내 마음에 평강을 주소서 / 온전한 대언자 / 주님, 내가 그 중보자가 되겠습니다 / 주님이 계시기 때문입니다 / 당신의 이름으로만 채우소서 / 죽을 수밖에 없는 존재 / 감출 수 없고 숨길 수 없는 것 / 영적인 근육 / 믿음의 반대말 / 당신의 보혈로 나를 씻으시고 덧칠하소서 / 당신의 평강을 내 안에 부으소서 / 완전한 대변자 / 유일한 길 되신 분, 예수 그리스도 / 마음이 상한 자를 고치시는 분은 오직 한 분 / 신뢰는 두려움이 설 자리를 허락하지 않습니다 / 중심을 꿰뚫고 깨뜨리시는 이유 / 인생의 상강의 시기에 / 완전한 신뢰, 온전한 맡김 / 이 안개는 곧 걷힐 것입니다 / 예수님의 이름만이 내 안에서 맺히길 갈망합니다 분명한 기준 / 주님, 그리하소서 / 나는 오늘도 내 안에 계신 그 주님을 느낍니다 / 참된 인도자 / 제 이야기가 잘 들리시나요? / 상황은 감사의 기준이 되지 못합니다 / 내 모든 것을 주님께 완전히 숙달되게 하소서 / 동행이 영적본능이 되게 하소서 / 가장 선한 것을 붙잡습니다 / 그 피에 잠기면 / 어디에 뿌리를 내리고 있습니까? / 모든 기적은 반드시 순종으로부터 나옵니다 / 더디지만 이 길을 걷겠습니다 / 첫새벽의 묵상 / 나로 이런 사람 되게 하소서 / 색이 아닌 빛으로 오신 주님 / 당신을 누구보다 더욱 뜨겁게 사랑하는 자가 되게 하소서 / 성실한 일상의 합 / 변하지 않는 유일한 이름을 붙잡아야 합니다 / 눈을 들어 은혜의 빛을 보십시오 / 기도를 계속하게 하시는 이유 / 그 거리를 재어보십시오 / 그 은혜로 더 가까이 / 못된 버릇 / 주님과 나 사이에 낀 그 무엇을 성령의 바람으로 날리소서 / 그 길을 누구와 걷고 있습니까? / 신을 벗었습니까?

part 4 주님만 내게 오소서 • 193

주님 손에 있어야 합니다 / 성령의 단비, 우리의 굳은 심령을 녹이십니다 / 매 순간 뽑아내야 합니다 / 한 영혼을 구원으로 인도할 수 있다면 / 영적 고산증 / 그 무엇도 주님을 향한 내 마음보다 크지 않게 하소서 / 주님으로의 그 길 / 아버지의 마음 / 오소서 놀라우신 주님 / 무엇을 찾기 위해 헤치고 있습니까? / 너도 쓰고 있잖니 / 매일 보게 하소서 / 나는 당신에게 누구인가요? / 주님을 웃게 하라 / 주님의 마음을 주심 / 주님이 날 사랑하시는데 뭐가 문제란 말입니까 / 진정한 갈망 / 끌어당기심, 행복한 포로 / 그리하시면 / 영원한 가치 / 주님은 언제나 내게 특별한 새 빛이십니다 / 나로 영적 명분이 되게 하소서 / 주님으로 인하여 / 그리하시면 / 내게 오소서 / 오소서 놀라우신 주님! / 반복되는 기도는 수고로움이 아니라 오히려 은혜입니다 / 성령으로 태우실 것입니다 / 그게 나입니다 / 바로 그 자리, 바로 그 순간 / 거룩한 명분 / 그 방향 / 은혜입니다 큰 은혜입니다 / 미끼

part 1

내 안에 그리스도의 흔적

그래 아들아, 내가 널 사랑한단다

매우 단단한 나무들이 쓰러진 지 오래되면 겉의 약한 부분들은 다 썩어 없어지고 속에 단단한 심지 부분만 남게 되는데, 이것들은 수년에서 수십 년이 지나도 그대로 남아 그 견고함이 매우 훌륭해서 요즘은 이것들을 주로 구해서 제재소에서 나무를 켜는 작업을 하고 있습니다.

오늘은 파라과이에서 귀하게 사용하는 라파초 나무를 켜서 제재했습니다. 처음 그 통나무를 보았을 때는 상태가 너무 안 좋아 보여서 제재해도 쓸 만한 게 나올까 싶을 정도였는데, 막상 켜서 보니 최근에 본 나무 중에서 가장 훌륭한 상태임을 보게 되었습니다. 너무 좋은 품질이어서 일반적인 2인치에 5인치로 자르는 게 아니라, 모두 슬라이스를 쳐서 판을 만들었습니다. 이것은 건축용으로 사용하지 않고 가구나 작품 등 수작업용으로 사용하기 위해서입니다.

그 볼품없던(겉은 다 썩고 오래되어 부서져 내리는) 통나무를 기계에 넣을 때 들었던 생각이 정반대로 바뀌는 놀라운 상황이었지만, 이 상황을 전혀 예상하지 못한 것은, 그 나무를 제재하기 전에는 그 안을 도무지 알 수 없기 때문입니다. 감추인 것이 드러나니 숨겨졌던 아름다움이 놀랍게 나타난 것입니다. 반대로 겉으로 보여지는 것은 그럴싸

한데, 막상 그 안의 실상이 드러나면 도무지 봐줄 수 없을 정도로 참담한 경우도 있습니다. 마치 우리 마음과도 같이 말입니다.

나는 어떤지 생각해보았습니다. 굉음을 내며 돌아가는 저 기계 같은, 강력한 성령의 검으로 쪼개진 내 자아는 어떤 모습일지 생각해보았습니다.

안타깝게도, 자랑스럽지도 드러내고 싶지도 않을 만큼 부끄럽고 처참한 모습이, 감출 수 없는 솔직한 나의 모습이었습니다. 다른 사람들에게 감추고 포장해서 그럴싸하게 보여질 수도 있겠으나 내가 본 정직한 나의 모습은 차마 보아줄 수 없는 부끄러움이었습니다.

우리는 종종 이런 우리의 모습을 직면했을 때 절망합니다. 그래서 우리는 종종 이런 우리의 모습을 직면했을 때 외면하고 감춥니다. 거짓의 분칠로 덮어버립니다. 그런 우리를 사탄은 전력을 다해 조롱하고, 회유하고, 타협하고, 안주하게 만듭니다. 하지만 주님은 우리를 그렇게 살도록 허락하신 적이 없습니다. 주님이 십자가를 지심은 그런 우리조차도 온전히 회복시키시기 위해서임을 믿습니다.

오늘도 나는 '나'에게 실망하지만, 그렇다고 결코 주저앉지 않습니다. 실망한 그 자리에서 있는 모습 그대로 나를 주님께 올려드리려 고개를 듭니다. 주님과 맞춰진 내 눈에 비친 주님의 모습은, 돌아온 둘째 아들을 바라보는 아버지의 눈빛, 그 눈빛입니다.

아무것도 아버지께 돌려드리지 못하고 거지꼴을 하고 있지만, 허물치 않으시고 돌아온 것만으로, 내가 있어야 할 그 자리에 서 있는 것만으로 용납하시는 아버지, 그 아버지의 눈빛입니다.

오늘도 그 아버지의 이름을 부릅니다.
절절한 이 목소리에 아버지는 대답하십니다.
"그래. 아들아. 내가 널 사랑한단다."

10월 14일 / 믿음

넉넉히 이길 힘을 주시는 주님

파라과이 코로나 확진자가 5만 명을 넘어가고 있습니다. 지난 3월부터 막은 국경은 물류의 흐름을 끊어놓아 치솟는 물가에 부채질을 합니다. 거기에 몇 달째 비다운 비가 내리지 않아, 강은 측정이래 가장 낮은 수위를 기록해서, 그나마 물류의 큰 축을 담당했던 수상이동이 불가능해져서 외국에서 들여오던 원자재들의 공급이 불가능해지며 교회 건축을 위해 꼭 필요한 시멘트 가격이 예전의 두 배를 넘어가고 있습니다.

어느 것 하나 수월한 것이 없는 시기를 지나고 있습니다. 오랫동안 계속되는 힘든 시기로 인해 사람들의 마음에 어려움이 이만저만한 것이 아닌지, 이전의 밝고 쾌활했던 이들의 얼굴에 그늘이 보이기 시작합니다. 교회 안에서도 뚜렷하게 나타나는 이 현상들로 몇몇이 예배 가운데 보이지 않기도 합니다.

이때가 언제까지 계속될지 지금은 알 수 없습니다. 하지만 분명 그 끝이 있을 줄 믿습니다. 그때 되돌아보며 오늘을 어떻게 기억할지 궁금하고 두렵기도 합니다.

늘 그렇지만, 선교사로 살며 가장 많이 하는 고백,
"그럼에도 불구하고!"

주님이 우리를 떠나지 않으시기에 힘을 낼 수 있습니다. 오늘도 오늘 하루만큼의 파도를 넘게 하신 주님, 겨우 이길 힘이 아닌, 넉넉히 이길 힘을 주시는 주님, 당신이 계시기에 오늘도 난 노래할 수 있습니다.

10월 16일 / 갈망
얼마나 좋을까요

파라과이와 브라질 사이의 국경이 7개월 만에 열렸습니다. 오늘 브라질에 넘어가 야채와 과일 그리고 생선 몇 마리를 사서 돌아왔습니다. 그동안 국경 폐쇄로 야채나 과일이 엄청 비쌌는데, 오늘 브라질에 가보니 절반 가격이나 삼분의 일 가격이라서 기분 좋게 몇 개를 담아 올 수 있었습니다. 국경은 일단 2주간만 시범적으로 연다고 하는데, 그동안 별다른 문제가 생기지 않아 계속해서 열렸으면 좋겠습니다.

이렇듯 단 7개월의 막힘으로 답답함을 느끼고, 다시 열림으로 다시 만날 수 있음도 이렇게 반갑고 좋은데, 우리 주님과 영원한 얼굴과 얼굴로의 만남이 얼마나 가슴 벅찰지 생각만 해도 심장이 요동칩니다.

구주를 생각만 해도 이렇게 좋은데, 실제로 주님 얼굴을 보면 얼마나 좋을지 그건 정말 상상조차 할 수 없습니다. 그날이 언제인지 알 수 없지만, 그리고 알 필요도 없겠지만, 오늘 하루도 주님을 갈망하고 보내면 그 하루가 더 앞당겨졌음을 믿습니다.

10월 23일 / 감사

주님께 내 마음을 올려드립니다

오랫동안 며칠씩 내리는 비가 오지 않고, 일주일이나 열흘에 한 번 잠깐 소나기처럼 내리고 마는 비로 인해서인지 날마다 치솟는 기온을 잠재울 방법이 없어서 일을 할 때면 온몸이 땀에 젖습니다.

오늘도 목공소에서 대패를 계속 돌리다보니 땀과 먼지가 뒤엉켜

머리가 마치 백발이 된 것 같았는데, 오히려 그 모습이 재미있어 사진을 찍어보기도 했습니다. 샤워기 밑으로 떨어지는 물 색깔이 하루의 고단함을 말해주려는 듯 적지 않은 탁함을 보여주기도 합니다.

더위 때문이라고 핑계를 대고 싶으나 여러가지 닥쳐오는 문제들과 어려움은 내 내면의 분노와 감춰진 성품을 드러내게 합니다. 매일 다듬어진다고는 하나, 어느 날 불쑥 내 안에서 치밀어오름을 발견하면 화들짝 놀라 억지로 눌러 감추며 놀란 가슴을 쓸어내립니다. 내 자신도 이렇게 놀랄 정도라면 내 안의 성령님은 얼마나 놀라고 근심하실지 감히 상상도 하기 어려울 정도입니다.

떠나지 않으시는 성령님에 대한 믿음이 내게 최후의 보루가 되길 원치 않습니다. 매일 매 순간 떠남과 머뭄의 양극단에서 저울질하는 아슬아슬함이 아닌, 언제나 넉넉하신, 충만하신 임재를 원합니다.

주님께서 모든 것을 하실 수 있으시나
유일하게 그렇게 하지 않으시기로 작정하신 내 마음!
이 마음을 온전히 주님께 올려드리길 소망합니다.

당신이 계심으로 인해

목재 중 가장 귀하다는 유창목 나무를 구했습니다. 한국에 방문할 때마다 후원자분들께 작은 선물로 매번 다른 종류의 나무로 십자가를 만들어 드리는데, 이번에 그동안 그렇게 구하고 싶었던 나무를 구할 수 있게 되어 기분이 매우 좋습니다.

이 나무는 특별히 향이 매우 강렬합니다. 그 향이 얼마나 강한지 샤워를 하고 나서도 손에 향이 배어 지워지지 않을 정도입니다. 그리고 매우 단단한 나무인지라 그 무게가 상당해서 제재소로 가져가기 위해 차에 싣는데도 적잖은 땀을 흘렸습니다.

제재소에 가서 1인치 판으로 켜 내는데 놀라운 장면을 목격하게 되었습니다. 겉에서는 보이지 않았는데 그 안에 흰개미들이 살고 있었던 것입니다. 매끈한 나무판을 기대했었는데 그들의 등장으로 적잖이 실망했지만, 그들이 만들어놓은 모양도 나름 멋이 있어서 그 모양 그대로 살려 작품을 만들어보아야겠다고 생각했습니다.

흰개미는 개미 중 가장 약한 개미입니다. 간혹 다른 개미들과 마주쳐서 전쟁이라도 나면, 예외 없이 몰살당하는 약하디약한 종류입니다. 그런데 그런 그들이, 가장 단단한 나무 안에 살면서, 조금씩 그 나무를 갉아먹어, 그 안에 터널 같은 흔적들을 만들어놓았습니다. 가장 약한 것이 가장 강한 것을 이겨낸 것입니다. 겨우 싸워 이긴 것이 아니라, 오히려 그것을 먹이 삼아 살아온 것입니다.

코로나 사태로 많은 사람들이, 정확히 거의 모든 사람들이, 심신이 상해 완전히 지쳐 주저앉은 현실을 지켜봅니다. 막막한 미래와 현실은, 마치 도저히 이겨낼 수 없을 것 같은 철옹성 같아 보입니다. 그 앞에 선 한 사람 한 사람은, 마치 저 흰개미처럼 나약해 보이기도 합니다.

그러나 그럼에도 불구하고, 이 시간이 지나고 먼 훗날에 돌아본 우리는, 그 철옹성 같은 현실을 뛰어넘었고, 심지어 그것을 뜯어 먹어버렸으며, 그것을 소화해서 내 양분으로 삼았음을 보게 될 것입니다.

미래는 보이지 않기 때문에 꿈꿀 수 있는 특권이 허락됩니다. 지나간 것을 생각하고 그리워하는 것을, 우리는 꿈꾼다고 하지 않고 후회한다고 부릅니다. 미래 앞에 닥친 현실인 지금은, 너무나 막막해 보이지만, 그럼에도 불구하고 우리는 노래할 수 있습니다. 나아가 승리를 선포할 수 있습니다. 우리 안에 계신 성령님, 그분이 계시기 때문입니다.

내 안에 계신 성령님, 내게 닥친 현실의 벽의 두께를 어루만지는 내 손을 들게 하시어 주님을 찬양하게 하소서. 내게 닥칠 미래의 불확실을 더듬는 내 눈을 들으시어 주님의 임재를 바라보게 하소서.

아멘. 그렇습니다. 주님. 당신이 계심으로 오늘도 난 노래하고, 오늘도 난 승리를 선포하겠습니다!

성령의 단비를 부으소서

오랜만에 내린 비가 기승을 부리던 폭염을 누그러트려 오늘 하루 일하는 데 큰 도움이 되었습니다. 선교센터에 세우고 있는 병원 마무리 작업 중, 벽에 페인트를 칠하기 전, 벽면과 기둥을 사포로 밀어내는 작업을 하였습니다.

벽을 쌓을 때 벽돌에 묻은 시멘트 모르타르 찌꺼기를 굵은 사포로 힘을 주어 밀어내면 깔끔해지기 때문에 페인트칠하기 전에 꼭 해야 하는 작업입니다. 그렇게 면이 깨끗해져야 페인트를 칠하고 나서도 보기 좋고, 페인트도 적게 들어갑니다.

벽을 쌓을 때 벽돌을 쌓은 후 그 면들을 젖은 천으로 닦아내기도 하는데 완벽하지 않기에 나중에 마르고 나서 보면 아무래도 지저분한 것들이 남아 있습니다. 그래서 결국 그것을 사포로 밀어내야 합니다. 마르기 전에는 젖은 천으로 쉽게 닦아내던 것을 나중에는 굵은 사포로, 그것도 힘을 써서 수고롭게 밀어내야 제거되는 것입니다.

그 이유는 굳어버렸기 때문입니다. 시멘트 모르타르가 굳기 전에는 마치 죽과 같아서 천으로 쉽게 닦아낼 수도 있고, 심지어 바늘을 꽂아도 쉽게 들어가는 정도이지만, 그것이 굳어버리면 돌과 같이 단단해져서 무언가 도구를 사용하지 않는다면 사람의 힘만으로는 도저히 제거할 수 없게 바뀌어버립니다.

생각해보면 이처럼 같은 성분이 달라지는 것이 시멘트만은 아닙니다. 우리 안의 그것, 우리의 마음도 그와 같습니다. 성령의 단비에 충만히 잠기면 세상 그 무엇보다 부드럽고 섬세하지만, 죄와 문제 가운데 방치되면 그 무엇보다 단단히 굳어져버리는 것을 우리는 너무나 많이 보아왔고, 심지어 경험해서 알고 있습니다.

한 번 굳어진 시멘트 모르타르는 다시 부드럽게 할 수 없습니다. 다시 물을 붓는다고 부드러워지기는커녕 오히려 더 단단해집니다. 그러나 우리 안의 그것, 우리의 마음은 그렇지 않습니다.

이것이 우리에게 허락된 가장 큰 은혜입니다. 아무리 돌같이 굳어진 마음도 그 안에 성령의 단비가 뿌려지면 다시 회복되고 살아나 생명의 노래를 부를 수 있게 됩니다.

그것이 은혜임을 믿습니다.
그것이 축복임을 선포합니다.
우리 안에 임하시는 성령님,
가물어 메마른 땅에 단비를 내리시듯
당신의 임재를 우리 안에 부으시어 새 생명 주옵소서!

그날의 죄는 그날에 용서받아야 합니다

아침에 선선하던 날씨는 한낮에 맹렬하게 달아올라, 일하는 내내 끊임없이 땀방울을 길어 올립니다. 목공소에서 일하거나, 흙이나 시멘트 먼지가 날리는 현장에서 일할 때면 미세한 먼지들이 땀에 달라붙어 일을 마칠 때에는 바로 씻고 싶은 욕구가 극에 달합니다.

만약 그렇게 된 상태로 씻지 않고 하루를 넘긴다면 그 꿉꿉함은 말로 할 수 없을 것이기에 그런 하루를 마치고 샤워기 밑에 서지 않는다는 것은 감히 상상도 할 수 없을 정도입니다. 오래전 광고 카피처럼 그날의 피로는 그날에 풀듯이, 그날의 땀과 먼지는 그날에 씻어내야 하는 것입니다.

그런데 돌아보면 그날의 죄를 그날에 회개하고 용서받았는지 점검하지 않는 날이 있었습니다. 부끄럽게도, 안타깝게도, 그날의 죄를 그날에 회개하고 용서받기보다 그날에 뭉개고 앉아 그날로 잊어버린 적이 너무나 많았습니다.

왜 그럴까를 생각해보았습니다. 이유는 한 가지, 그 죄가 내게 꿉꿉함을, 불편함을, 마음을 치는 그 무엇을 주지도, 내가 또한 그렇게 느끼지도 않았기 때문입니다. 더러운 땀과 먼지는 그렇게 불편해하면서, 내 안에 가장 더러운 그 죄는 도무지 불편해하지도, 심지어 누구나 다 그렇다고 스스로 여기며, 오히려 그 죄를 자연스럽게 느끼며 살아왔기에 가슴을 치는 죄책감도 느끼지 못하였고, 그렇기에 주님 앞에 눈물로 나아가 무릎으로 고하지 못했던 것입니다.

그날의 죄를 그날에 용서받지 않으면 그 죄는 내 안에 충만한 망각의 그림자 뒤로 슬그머니 숨어버릴 것입니다. 그런 후에 기억하고 싶은 것만 기억하는 이기적이고 이중적인 내 기억력은 그 죄의 존재를 기억해내려는 그 어떤 노력도 시도하지 않을 것입니다. 하지만 내 기억에서 자리하지 않는다고 해서 그것이 영원한 삭제는 아닐 것이기에 먼 훗날 심판의 자리에서 내 심연 속에 똬리 틀고 앉아 있던 그것들이 들고일어나 자신들의 존재를 외쳐댈 것입니다.

그날에 풀어야 할 것은 피로만이 아닙니다.
그날에 씻어내야 할 것은 땀과 먼지만이 아닙니다.
그날의 죄도, 그날의 잘못도,
그날에 회개하고 용서함을 받아야 합니다.

오늘 하루를 돌아봅니다. 입으로 뱉은 말 중에서, 부지불식간에 만들어낸 생각 가운데서, 습관적으로 움직인 손과 발 가운데서 죄와 잘못이 있었는지를 찬찬히 훑어봅니다. 기억난 그것들을 추려 모아 두 손에 담아 주님 앞에 올려드립니다. 매일 반복되는 이 염치 없는 행동을, 주님은 단 한 번도 귀찮아하거나 싫어하지 않으심이 내게 가장 큰 축복입니다.

좋으신 주님, 오늘도 오늘 하루만큼의 실수와 잘못들이 내 삶 가운데 쌓였습니다. 내일로 그것을 넘기지 않고, 오늘 하루 당신의 보혈의 결재를 요청합니다. 주님은 말없이 당신의 피 묻은 손가락으로 꾸욱 눌러 찍어주심을 믿습니다.

11월 18일 / 기다림

며칠입니다 단 며칠입니다

올해는 비가 적게 와서인지 얼마 전에 진 커피 꽃이 예년에 비해 매우 적었습니다. 커피를 마시지도 못하면서 커피 나무를 심은 이유는 그 꽃의 향기가 너무나 좋기 때문입니다. 커피 꽃이 만발했을 때 풍겨나오는 그 달콤한 향은, 옛 작가의 표현대로 정신이 아득해질 만큼 흐뭇해 숨이 막힐 지경이 됩니다.

그런데 그런 꽃이 올해는 너무 적게 피었다가 얼마 전에 다 져서 떨어져버렸습니다. 꽃이 달려 있던 그 자리에는 기억조차 허락하지 않는 듯, 무심하게도 아무 자국도 남아 있지 않아 보입니다. 마치 언제 그런 시절이 있었냐는 듯, 언제 그 향기가 이곳으로부터 솟아 나왔었냐는 듯, 모른 척하고 있어 보입니다.

그러나 알고 있습니다. 단 며칠이 지나지 않아 그 자리에 아주 작은 초록의 멍울이 생긴다는 것을, 그리고 그것이 따가운 햇살과 신선한 바람을 머금으면 점점 부풀어 올라, 기어이 수줍은 얼굴을 붉힌 다는 것을 말입니다. 그리고 오랜 경험의 예측이 틀리지 않다는 듯, 어느 가지에는 벌써 깨알만 한 작은 얼굴들이 돋아나고 있습니다.

화려했던 꽃이 지고 푸른 열매가 돋아나기 전까지의 며칠. 마치 다 잊은 듯, 아무 일도 없었다는 듯 모두 사라진 매끈한 가지 위에, 그 어떤 기억도 남기지 않고 사려졌다고 보여지는 그 가지의 속살 깊은 곳에는, 보이지 않았으나 단 한순간도 멈추지 않고 키워냈던 푸르른 흔적이 자리하고 있었습니다.

우리는 종종 인생 가운데 그 며칠의 어간에 서 있는 것 같은 느낌을 받을 때가 있습니다. 아름답고 향기로웠던 시간이 지나고, 마치 모든 것이 다 사라져버린 것 같은 쓸쓸함의 자리에서 어리둥절할 때가 있습니다.

주님의 놀라운 사랑과 은혜를 체험했던 기억이 내게 분명히 생생한데, 마르고 퍽퍽한 삶의 현실에서 어쩔 줄 몰라 할 때가 있습니다. 그래서 마치 내 안에 그 사랑이 다 지나간 것처럼, 그래서 내 안에 더 이상 주님의 임재가 충만하지 않은 것처럼 느껴져 안절부절못할 때가 있습니다.

하지만 그 순간에도 가지 안의 깊은 곳에서는 사랑의 결실이 웅크리고 자라나는 것처럼 내 퍽퍽한 삶의 그 심연에서 주님은 쉬지 않고 일하시며 열매 맺는 삶으로 나아갈 수 있도록 이끌어 가십니다.

며칠입니다.

단 며칠을 기다리면 됩니다.

내 둔한 감각으로 깨우치기 위해 그 작은 열매를 발견하는 것처럼 내 안에 놀랍게 역사하시는 주님의 결실을 발견하기까지는 단 며칠 단 몇 밤의 어둠을 지나면 됩니다. 그것을 기대하고 기도하며 기다리면, 내 안에 그 열매가, 그 놀라운 은혜의 열매가 충만하게 맺힐 것입니다.

코로나로 이전에 한 번도 경험해보지 못한 삶을 살고 있습니다. 내 의지나 원함으로 이 상황에 들어간 것이 아니라 강제로 그 안에 떠밀려 살아내고 있습니다. 어쩌면 다시 예전의 삶을 살아갈 수 없을지도 모른다는 두려움이 있기도 합니다.

하지만 우리는 분명히 알 수 있습니다. 그리 아니하실지라도, 그럼에도 불구하고, 주님은 여전히 우리와 함께하실 것이기에 절망의 한숨과 눈물보다 기대함과 승리의 노래를 부를 수 있음을 우리는 모두 확신하고 있습니다.

머리털이 밀린 삼손, 그러나 성경은 기록합니다. "그의 머리털이 밀린 후에 다시 자라기 시작하니라"(삿 16:22). 앞뒤, 옆이 모두 막힌 것 같은 이 답답한 상황에도, 주님은 여전히 당신의 창을 닫지 않고 계십니다. 눈을 들어 그 창을, 그 주님을 바라보아야 합니다.

당신의 얼굴을 보는 것만으로도 당신의 이름을 부르는 것만으로도 내 심장은 기쁨과 소망으로 요동합니다!

목적이 한 가지이며 결론도 한 가지인 삶

파라과이 내부 오지 중의 한 곳에서 석청을 따서 오늘 손으로 꿀을 짜내는 작업을 진행했습니다. 계절상 야생 꿀을 구하기 어려운 때인데 다행히 얻을 수 있었습니다. 더군다나 꿀을 딴 곳이 파라과이 내에서도 사람이 매우 적은 곳 중의 한 곳으로 오염이 전혀 되지 않아 품질이 더 좋을 것으로 생각됩니다. 역시나 잠깐 맛만 보았는데도 이가 아플 정도로 당도가 매우 뛰어났습니다.

꿀을 짜내기 시작한 지 얼마 되지 않았는데 어떻게 알았는지 꿀벌 한 마리가 날아와서 상황을 파악하는지 잠시 두리번거리더니 금세 날아가는 것을 보았습니다. 그리고 얼마 있지 않아서 셀 수 없이 많은 벌들이 날아와 주변을 날아다니더니 곧바로 꿀을 향해 달려들었습니다. 처음에는 주변에 떨어진 것들을 맛보더니 점점 대담하게 꿀을 담은 통에 다가가 맛을 보다가 나중에는 꿀통 위 꿀에 내려앉아 본격적으로 입을 담그기 시작했습니다.

꿀 위에 내려앉은 벌의 입장에서는 천국이나 다름없을 환상의 장소이겠지만, 문제는 그 내려앉은 곳이 점성이 매우 높은 꿀 위라는 것이었습니다. 기존에 봐왔던 꿀은 점성이 이렇게까지 높은 적이 없어서 잘 흘렀지만, 이번 꿀은 점성이 너무 높아서인지 잘 흐르지도 않아 깔때기로 병에 담는 것도 어려울 정도였으니, 꿀에 달려든 벌들의 발이 점성이 강한 꿀에 그대로 묶여버리게 되었습니다.

처음에 꿀 위에 내려앉은 벌은 신나게 꿀을 먹다가, 문득 자신의 발이 꿀에서 떨어지지 않는다는 것을 알고 날갯짓해서 빠져나오려다가 결국 나올 수 없다는 것을 알았는지 날갯짓을 멈추는 것을 보았습니다. 그리고 그다음에 무슨 행동을 하는지 보았더니, 놀랍게도 다시 꿀을 먹는 모습이 보였습니다.

어떤 벌은 처음부터 꿀에 말려들어 갈 때까지 빠져나가야 한다는 생각이 아예 없는 것처럼 시종일관 꿀을 먹는 데만 열중하는 모습을 보이기도 했습니다. 곧 있으면 자신에게 어떤 일이 일어날지 생각하지 않고, 현재의 달콤함만을 탐닉하는 모습을 보면서 참으로 어리석은 존재라고 생각됐습니다.

그러나 이 어리석음이 단지 꿀벌에게만 보여지는 것이 아니라 이 세대를 살아가고 있는 수많은 사람들 가운데 동일하게 나타나고 있음을 보게 됩니다. 그렇게 찾아 헤매고, 발견하면 탐닉하는, 그 무엇을 쫓아, 이 시대의 수많은 이들은 자신의 삶을 소진하고 있습니다.

그것에 발을 담그고, 온 신경을 쏟고, 인생을 갈아 넣어 나중에는 완전히 침잠하게 되는 그것. 세대를 욕망하게 하는 그것의 이름은,

사람마다 다른, 수만 가지의 다른 이름이겠지만, 그 존재의 종점은 동일할 것입니다. 목적이 수만 가지여도 결론이 하나인 삶을 사는 것이 아니라, 목적이 한 가지이며 결론도 한 가지인 삶을 살길 원합니다. 세상은 수만 가지 다른 목적의 욕망이 있지만, 심판이라는 한 가지 결론을 향해 가고 있습니다. 그러나 나는 단 한 가지 목적, 오직 예수 그리스도가 나의 삶의 목적이 되고, 그분이 또한 결론이 되는 삶을 살길 갈망합니다.

내가 발을 담근 이 삶의 현장의 목적이, 달콤함을 탐닉하여 결국 그것으로 인해 멸망당하는 것이 아니라, 비록 쓰디쓴 고난의 길이라도, 한 분 예수를 바라보며, 그분이 앞장서서 내신 그 발자국에 내 발자국을 맞춰 걸으며 따라가는 삶을 살길 원합니다.

부당하게 고난을 받아도
하나님을 생각함으로 슬픔을 참으면 이는 아름다우나
죄가 있어 매를 맞고 참으면 무슨 칭찬이 있으리요
그러나 선을 행함으로 고난을 받고 참으면
이는 하나님 앞에 아름다우니라
이를 위하여 너희가 부르심을 받았으니
그리스도도 너희를 위하여 고난을 받으사 너희에게 본을 끼쳐
그 자취를 따라오게 하려 하셨느니라 벧전 2:19-21

굴러떨어짐의 은혜

집에서 키우는 개가 새끼를 낳았습니다. 매번 십여 마리씩 다섯 번째 낳은 것이니 상당히 노산인 셈입니다. 며칠 전 만삭으로 잘 움직이지도 못하던 녀석이 갑자기 일어나 땅을 열심히 파길래, 곧 낳을 때가 된 것 같아 빈 토끼집에 넣었더니 얼마 지나지 않아 새끼를 낳게 되었습니다.

마른 땅을 열심히 파려 했지만, 워낙 단단히 굳은 땅인지라 거의 파지지 않아, 마침 비어 있는 제법 큰 토끼집에 톱밥을 두껍게 깔아 주었더니 그곳에서 해산한 것입니다. 땅을 팔 때 잘 파지지 않으면 포기할 만한데도 발톱이 상할 정도로 열심히 파는지라 그 이유가 뭔지 궁금할 지경이었습니다.

그러다 문득 오늘 어쩌면 이유가 될 수도 있는 한 가지를 목격하게 되었습니다. 토끼집의 톱밥으로도 마치 땅을 판 것처럼 둥글게 구덩이를 만들어 그 안에 새끼들을 모아 두었는데, 아직 눈도 뜨지 못한 새끼들은 조금만 건드려도 엄마인 줄 알고 젖을 찾아 온몸으로 반응했습니다. 하지만 눈이 보이지 않기 때문에 어떤 녀석은 엄마 개 쪽으로 가는 것이 아니라 반대쪽으로 움직였고, 구덩이 언덕을 기어오르다 금세 굴러떨어져, 무리가 있는 곳으로 모이는 것을 보게 되었습니다.

만약 구덩이가 없었다면, 그 강아지는 엄마와 상관없는 곳을 향해 한없이 움직였을 것이고, 젖을 먹지 못하거나 무리와 체온을 나누지 못해 저체온으로 생명이 위험해질 것입니다. 젖을 먹이는 동안 무리에서 멀어진 녀석들을 일일이 물어올 수 없기 때문에 어미 개는 처음부터 구덩이를 파서 새끼가 다른 곳으로 가면 다시 굴러떨어져 무리가 있는 곳으로 한데 모이게 만든 것이라는 생각을 해보았습니다. 물론 다른 이유가 있을지 모르지만, 적어도 내 눈에 보이는 이유는 그것이었습니다.

구덩이로 굴러떨어지는 것은 분명 유쾌한 일이 절대 아닐 것입니다. 애써서 기어올라갔는데, 맥없이 굴러떨어져 어딘가에 부딪히기도 하는 것을 좋아할 이유가 없습니다.

하지만 그 굴러떨어짐이 궁극적으로는 그를 살리는 길입니다. 굴러떨어짐 없이 순탄한 평지로, 자기 가고 싶은 데로 갔다면 그에게는 생명이 보장되지 않기 때문입니다. 주님은 당신의 품 안에 거룩한 구덩이를 파서 우리를 그 안에 품어주십니다.

그러나 때때로 많은 사람들은 그 구덩이를 기어올라가려 합니다. 주님의 임재의 장에서 한사코 반대 방향으로 삶의 초점을 맞춰 달음질합니다. 나름의 이유와 변명이 있을 것입니다. 마치 자신의 지식과 경험으로 가능한 것처럼 생각하게 하고 시도하게 할 것입니다.

저 언덕 너머에는 내가 보지 못했던 신세계가, 내 마음대로, 내가 하고 싶은 대로 살 수 있는 낙원이 펼쳐져 있을 것이라 상상의 나래를 펼치고, 기어이 그 언덕을 향해 달려갑니다. 그러나 그 너머에는 낙원도, 신세계도 펼쳐져 있지 않습니다. 주님을 떠난 그 어떤 삶의 자리도 자신을 구원할 수 없기 때문입니다.

우리의 악한 본성은 끊임없이 주님과의 거리두기를 시도합니다. 주님의 말씀대로 사는 것이 더없이 따분하고 억압적이라 생각하고, 내 생각과 내 지식과 내 경험이 나를 자유롭게 할 것이라는 헛된 믿음으로, 청개구리처럼 주님의 인도하심의 반대로만 내닫길 갈망합니다. 그런 우리를 누구보다 잘 아시기에, 주님은 이미 당신의 구덩이를 파놓으셨습니다. 그리고 그곳에 우리를 누이시고, 당신의 은혜로 우리를 먹이십니다.

때때로 주님이 우리에게 요구하는 것이 너무 많아 말씀대로 산다는 것은 현실적으로 불가능하고, 정말 한두 명, 성자처럼 사는 사람만이 겨우 가능하다고 생각합니다. 그리고 주님이 파놓은 구덩이가 너무 가혹하게 우리의 자유를 억압한다고 말하기도 합니다. 그러면서 마치 그 구덩이를 기어오르다 굴러떨어지는 것처럼 인생 가운데 실패와 아픔을 경험하면 그 일이 일어나게 된 것이 구덩이 때문이라고 생각하고 주님을 원망하기도 합니다.

하지만 굴러떨어짐이 은혜입니다.
우리는 종종 굴러떨어지기에
다시 주님의 품에 안길 수 있기 때문입니다.

우리는 종종 굴러떨어지기에
다시 주님의 은혜를 공급받을 수 있기 때문입니다.

문제와 어려움 가운데 처한 많은 그리스도인들이 아무 일 없이 잘 사는 것처럼 보이는 인생의 평지를 내달리는 불신자들을 부러워할 때도 있습니다. 하지만 우리는 그 평지의 끝을 잘 알고 있습니다. 심판으로 가는 길은 우리가 느낄 수 없을 정도로 아주 작은 기울기의 내리막길일 것입니다. 가는 내내 자신이 내리막길로 가고 있다는 것조차 느끼지 못하고 신나게 걸어가다가 인생의 마지막 심판의 자리에서 돌아본 자신의 삶이 얼마나 주님으로부터 멀어져 있는지를 발견하게 될 것입니다.

우리는 종종 굴러떨어집니다. 심지어 오늘도 한참을 내 맘대로 기어 오르다 떨어지기도 했을 것입니다. 그러나 쿵 하고 부딪친 내 머리를 쓰다듬은 따스한 손길을 느낀다면 우리는 울며 다시 안길 수 있습니다. 다시 회복될 수 있고, 다시 노래할 수 있고, 비록 이룬 것이 아무것도 없어도, 주님이 하셨음을 다시 승리로 선포할 수 있습니다.

그렇습니다.
굴러떨어짐.
실패가 아닌 은혜입니다.

내 마음의 길로 오소서

자가격리가 끝나고 첫날인 오늘 아침에 가족과 함께 예배를 드린 후 산에 올랐습니다. 어렸을 적에 딱 한 번 올라가보고 그 뒤로는 한 번도 오르지 못했던 200여 미터밖에 되지 않는 산이지만, 예전처럼 산에 사람들이 나무하러 다니지 않아서인지 길이 거의 보이지 않아 오르고 내리는 데 적잖은 시간이 소요되었습니다.

몇 개의 작은 봉우리를 거쳐 오르다 생각지도 못한 지역에서 제일 높은 봉우리로 가는 입구까지 다다랐을 때, 문득 오늘 오르지 않으면 언제 다시 올라갈 수 있겠냐는 생각에 무리가 되었지만, 결국 오르게 되었고 마침내 정상에 올라 사면의 넓고 먼 곳들을 바라보며 환히 마음이 트이는 경험을 하게 되었습니다. 집 뒤에 있는 작은 산으로부터 시작하여 여러 작은 봉우리들을 지나고 지나야 나오는 산을 가며 희미한 길의 흔적을 따라 걷다보니 문득 그런 생각이 들었습니다.

어릴 적 아버지를 따라 가을철이면 나무하러 다니던 길, 동네 친구들과 뒷동산에서 뛰어놀며 수없이 오르고 내달려 반질반질했던 기억의 그 길, 이제는 다니는 사람이 사라져 낙엽과 세월에 묻혀 자취도 찾기 어려워진 그 길이, 마치 우리의 마음과도 같다는 생각이었습니다.

매일 매 순간 주님을 바라보지 않으면, 그래서 그 마음의 길에 주님이 매 순간 내게 내달려 오지 않으시면, 내 마음의 길도 이렇게 시간과 죄에 덮여 그 길의 흔적도 찾기 어려운 지경이 될 수도 있겠다는 생각이 들었습니다.

그렇기에 오르고 내리며, 내 마음의 길도 늘 주님이 오시는 그 길이 되도록, 매 순간 내게 오셔서 이제는 눈을 감고서도 훤하게 오실 수 있도록 마음의 길을 닦고 또 닦아야겠다는 생각을 더 품게 되었습니다.

그렇습니다. 주님. 내 안에 매 순간 내달려오셔서 당신과의 행복한 동행으로 충만케 하옵소서. 그리하시도록 내가 매일 그 길을 쓸고 닦는 성실함으로 가득하게 하소서.

12월 28일 / 약속하심

준비하고 있습니까?

자가격리 해제 후 첫 평일인지라 이번에 대학에 들어가는 아들에게 필요한 것들을 준비하기 시작했습니다. 먼저 의료보험이 가능하도록 조치하고, 만 17세인지라 주민등록증을 만들어야 한다고 연락이 와서 면사무소에 가서 주민등록을 위한 지문 채취를 하고, 대학에 내야 할 서류 중 출입국사실증명서를 발급받고, 휴대전화를 개통하였습니다.

아들은 미처 걷지도 못하던 한 살 때 선교지로 왔는데 이제 대학에 들어가다니, 세월의 속도와 그 가속력이 놀라울 따름입니다. 오늘 아들의 서류들을 진행하며 '이제는 본격적으로 한국에서 한국인으로 살아가겠구나' 하는 생각을 가지게 되었습니다.

한국인으로서 한국에 들어와 살아가야 하는데도 여러 준비가 필요하다면, 우리가 이 땅에서의 삶을 마감하고 영원한 하나님나라에 들어가 살려면 얼마나 많은 준비가 필요할지, 우리가 그 준비를 잘하고 사는지 돌아보았습니다.

많은 사람들은 이 땅의 삶에 마지막이 있다는 것을 입버릇처럼 말하며, 마치 자기는 잘 준비하고 있다는 것을 자신의 말로 보여주려 하지만, 정작 삶 가운데 그 어디에서도 그 준비됨을 찾아보기 어려운 경우가 많이 있습니다.

이 땅에서의 유한한 삶에 비교할 수조차 없는 영원한 삶을 믿는다고 하면서도, 그 어떤 준비도 없이, 심지어 이 땅에서 영원히 살 것처럼 이 땅의 삶을 살아가는 이들을 바라보시는 주님의 마음은 어떠실지 생각해보면 가끔씩 아찔함을 느끼고는 합니다.

심지어 나조차도 매일의 분주한 일상 가운데, 때때로 영원한 하나님나라에 대한 생각을 놓쳐서 그 영원한 나라와 주인 되신 주님을 기억의 자리에서 몰아내고 그 자리에 이 땅의 걱정과 자랑을 주인 삼으며 심지어 그것을 경배할 때가 있었음을 발견합니다.

그 순간에 느끼는 나에 대한 나의 실망은, 참담함을 넘어 수치스럽기 한량없을 지경입니다. 내가 나에 대해 실망하는데 완전하신 주님은 얼마나 안타까워하실까를 생각해보면 마음은 견딜 수 없는 절망으로 몸서리치게 됩니다.

그러나 그런 나도, 나의 형편없음에도, 주님은 나를 포기하지 않으심이 내게 가장 큰 은혜임을 고백합니다. 그렇기에 나에게 실망하고, 나 자신의 연약함에 절망하는 그 현장에서도, 주님은 나를 결코 내버려두지 않으신다는 그 약속의 말씀만을 붙잡습니다.

그렇습니다. 주님. 신실하신 주님, 나의 잡은 손을 놓지 않으시는 주님, 당신의 팔에 매달려 오늘도 오늘 하루만큼의 파도를 넘게 하시는 주님을, 그 약속을 붙잡습니다.

12월 29일 / 결심
가장 귀한 것을 선택해야 합니다

오늘도 오후에 산에 올랐습니다. 중턱에 오를 때 즈음부터 눈이 내리기 시작하는데, 강한 바람으로 얼굴을 때리는 눈발이 매우 따가울 정도였습니다. 체감 온도도 많이 떨어져 쉽지 않은 산행이었습니다. 하지만 2년 만에 맞아보는 찬 기운이 그동안 내 안에 쌓였을 열기들을 식혀주는 것만 같아서 매서운 바람이 오히려 고맙게 느껴지기도

했습니다.

오전에 농협에 들러 아들의 은행계좌를 열고 통장을 만들었습니다. 통장을 만들 때 즈음에 메시지가 날라왔습니다. 아들이 합격한 대학들에서 등록금 예치금을 넣으라는 메시지였습니다. 그러면서 내용을 살펴보니 지정된 기간 안에 예치금을 넣지 않으면 입학할 의사가 없는 것으로 간주한다는 것이었습니다. 또한 여러 곳에 중복해서 넣으면 합격을 취소한다는 내용도 있었습니다.

반드시 하나만 선택해서 넣으라는 말이었습니다. 다른 대학들이 괜찮은 곳이라고 다 다닐 수는 없기에 당연한 말이었지만, 그 말을 들으며 잠깐 깊은 생각에 빠지게 되었습니다. 세상의 흔한 이치도 이렇게 단순명료한데 성도의 삶에는 왜 이것이 그렇게 힘든지를 생각해 보았습니다.

주님의 말씀도 좋아 보이고, 세상의 안락함도 달달해 보이니 이것을 둘 다 가지려 하는 모습을 통해서 말입니다. 분명하게 한 가지만 붙잡아야 하는데도 두 가지를 함께 움켜쥐려다가 결국 모두를 잃어버리는 모습을 어렵지 않게 발견하기도 합니다. 한 발은 세상에 담그고, 다른 한 발은 주님 쪽으로 미적미적 다가서는 모습을 우리 가운데 너무 쉽게 발견할 수 있음이 얼마나 슬픈 일인지 모릅니다.

어린 아이들을 보면 오히려 아이들이 더 현명하다는 생각이 들기도 합니다. 아이들은 자기 손에 쥐어진 것보다 더 크고 좋은 것을 보면 단 한순간도 주저하지 않고 손에 쥔 것을 내어놓고 새로운 것을 받아냅니다.

오직 한 가지만 선택해야 합니다. 언제까지 세상과 하나님 사이에서 저울질하고 머뭇거리겠습니까? "오직 나와 내 집은 여호와를 섬기겠노라"(수 24:15)라고 외쳤던 성경의 사람들은 가장 현명하고 분명한 선택을 한 사람들이었으며, 또한 우리에게도 그런 선택으로 초청하고 있는 것입니다. 두 곳이 다 좋아 보인다고 다 등록했다가는 두 곳에서 모두 입학 취소를 당하는 것처럼 우리는 세상과 주님을 같이 선택할 수 없음이 분명합니다.

그렇다면 선택은 단순하고 분명합니다.

"오직 나와 내 집은 여호와를 섬기겠노라"

12월 31일 / 치유

내 마음 길을 말끔하게 치우소서

오르내리는 산에 두어 군데 경사가 제법 급한 곳이 있습니다. 처음에 그곳에 오를 때 유난히 그곳만 낙엽이 없길래 조금은 의아하게 생각했습니다. 하지만 곧 그곳이 다른 곳과 비교해 경사가 급한 곳이라 누군가 급히 낙엽을 치우고 맨땅을 드러내놓아서 낙엽을 밟고 미끄러지지 않을 수 있다는 것을 알게 되었습니다.

만약 그곳에 계속 낙엽이 쌓여 있었다면 오늘처럼 눈이 내리는 날에는 낙엽에 쌓인 눈 때문에 매우 미끄러운 길이 되었을 것입니다. 또 눈이 없더라도 낙엽 밑의 돌이나 부러진 나무가지를 밟고 미끄러질 수 있는 곳이었을 것입니다. 그런데 누군가 그 길을 치워놓았기에 경사길을 미끄러지지 않고 오르고 내릴 수 있게 된 것입니다. 그렇지만 그 산길은 하루에 겨우 한두 명 오를까 싶을 정도로 사람이 거의 다니지 않은 길인지라 누가 그렇게 해놓았는지는 도무지 알 수 없었습니다. 누군가의 선행이 많은 사람에게 큰 도움을 준 것입니다.

그 길을 다니며 내 마음을, 내 마음 길을 생각해보았습니다. 내 마음 길에 저렇게 덮여 나의 마음을 감추는 것이 무엇일까 생각해보았습니다. 그리고 그 마음 길을 덮은 것을 치운다는 것이 무엇을 의미할까도 생각해보았습니다. 그 마음 길을 치우시는 이가 누구인지도 생각하게 되었습니다.

내 마음 길을 덮은 것은 분명 나의 죄와 허물이며, 내 마음 길을 덮은 것을 치운다는 것은 그 죄와 허물을 사하시고 치유하신다는 것이며, 그 마음 길을 치우시는 분은 내 안의 성령님이심을 믿습니다.

나의 마음 길을 덮은 죄와 허물이 치워지고 치유됨을 받지 못하면 그 허물과 죄가 나의 발목을 상하게 하고 세상 가운데로 미끄러지고 넘어져 나의 몸과 마음이 다치게 될 터인지라 매 순간 그 길을 닦고 치유하여 내가 그 길로 주님께 나아가고, 주님 또한 그 길로 내게 달려오시는 데 그 어떤 장애물도 있지 않도록 하여야 함을 믿습니다.

2020년의 마지막 날 가운데 서 있습니다. 지나고 보면 이 한 해는 단 한 번도 경험해보지 못한 특별한 해였습니다. 그리고 새롭게 허락될 새해를 생각하면 아직은 밝은 빛을 노래하기 어려운 상황입니다. 하지만 그 시간들 가운데 달려 온 내 마음 길이 어찌하든지, 주의 성령님이 늘 앞서가시며 그 길을 닦으시고 치유하신다면, 어떤 어려움과 시험이 다가온다고 해도, 내 영적 발목을 더욱 굳건히 하여 그것들을 능히 밟고 넘어갈 수 있을 것입니다.

그렇습니다. 주님. 내 마음 길에 앞서가시며 내 안의 그 길을 치유하시고 정결케 하시어 당신에게 달려가는 내 발걸음이, 또한 내게 달려오시는 당신의 그 거룩한 발자국이 더욱 안전하고 분명하게 하시옵소서.

1월 3일 / 은혜

매일의 은혜가 기적의 기준이 되게 하소서

한 달간의 게스트하우스 생활을 위해 근처 대형마트에 다녀오게 되었습니다. 선교지에 있을 때 밥 먹을 때마다 보았던 한국 음식이 거기에 모두 있었습니다. 한국에 가면 한번 먹어보고 싶다는 음식들이 고개만 돌리면 모두 다 있으니, 마치 천국에 온 것 같았습니다. 그들에게는 당연한 일일 것입니다.

매일 먹는 만나를 대하는 광야의 이스라엘 백성의 무덤덤함이 만나를 처음 먹었던 그때의 감격을 기억하지 못함과 같을 것입니다. 매일의 일상이 감사의 기준이 되지 못하고, 매일의 은혜가 기적의 기준이 되지 않으니 사람들은 매일의 삶을 견뎌내기만 합니다.

하지만 지금 이 순간의 연장된 삶이 내게 주신 주님의 은혜이며, 영원한 본향이 예비되어 있음을 매 순간 기억할 때 우리는 기뻐할 수 있을 것입니다.

1월 4일 / 흔적

당신 안에 있는 그리스도의 흔적을 보여주십시오

QR코드 있으세요? 아니요.
교인이신가요? 네.

교인이라는데 QR코드가 없어서 이상하다고 생각하시는지 어제와 오늘 교회 입구에서 어색함이 흘렀습니다. 교회에 1년 혹은 2년에 한 차례씩 오는 사람인지라 대부분의 교인들이 제 얼굴을 알아볼 수 없을 것이고, 더욱이 마스크까지 썼으니 제가 누구인지 알아보는 것은 거의 불가능한 상황인지라 계속 일어나는 현상입니다.

어색한 시간 동안 또 다른 음성이 내 안에서 들렸습니다. "믿는 자입니까? 그렇다면 당신 안에 있는 그리스도의 흔적을 보여주십시오."

주님의 음성이었습니다. 그 질문을 반드시 듣게 되는 때가 이 땅의 삶의 종착역에서 있을 것입니다. 아니 어쩌면 매일 내 삶 가운데 스스로에게 반드시 해야 할 질문이기도 합니다. "내 안에 그리스도의 흔적이 있는가? 내 삶은 그리스도의 향기를 나타내고 있는가?" 그 질문이 늘 내 마음에 끊이지 않고 분명하길 바라고, 그 물음에 내가 항상 "아멘! 그렇습니다. 주님"이라고 답변하기를 갈망하고 또 갈망하였습니다.

본당이 청소 중이라 지하 1층에서 성전기도를 드렸습니다. 같은 시간, 5명이 한 공간에서 기도를 드리는 데 단 5명뿐이지만 그 영적인 울림은 거대하게 느껴질 만큼 그 안을 가득 채운 흐름을 느낄 수 있었습니다. 이는 마치 거대한 배를 움직이는 기관실 같아서 그 안에서 느껴지는 주님의 임재하심이 크고 분명하고, 그 자리에서 기도하는 것만으로도 말로 다 표현할 수 없는 감격과 감사를 쏟아내게 하였습니다.

기도하던 중 내 마음을 조용히 두드리시는 주님의 손길을 느낄 수 있었습니다. 내 마음 가운데 말씀하시는 것처럼 들려오는 대화가 분명하였습니다.

"주님, 참 좋네요."

"그렇구나. 근데 참 오랜만인 것 같다."

"네 주님. 아시잖아요. 제가 엄청 바빴어요. 공항 가기 전까지 쉴 새 없어 분주했어요."

"그래, 알지. 그런데 넌 왜 그렇게 바빴니?"

말을 할 수가 없었습니다. 머릿속에 온갖 핑계와 변명이 떠올랐지만 그것은 말 그대로 핑계와 변명이며 이유가 될 수 없음을 알기에 침묵할 수밖에 없었습니다.

나는 매일매일 바쁘게 주님을 위해 살아간다고 정신없이 분주했지만, 정작 주님이 원하시는 것이 무엇인지는 제대로 여쭙지 않고, 내 소견에 옳다고 생각하는 대로, 이것이 주님이 원하시는 것이라고 지레짐작하고 그대로 밀어붙였을 뿐이었습니다. 매일 성전기도의 자리로 나를 부르신 주님의 원하심을 알게 하십니다.

그렇습니다. 주님.
내 원함이 아닌 당신의 원함을
기도하게 하실 것을 믿고 찬양합니다.
그 깊음과 풍성함의 자리로 나를 부르신 주님에게
감사, 오직 감사뿐입니다.

걱정을 이긴 주님을 찬양합니다

아침 성전에 올라가 성전기도를 올려드렸습니다. 오늘부터 여러분의 기도제목을 같이 올려드릴 수 있어 기도가 더욱 풍성해짐을 체험할 수 있었습니다.

노트에 적힌 한 사람 한 사람의 기도제목을 읽고 눈을 감으면 주님의 마음이 놀랍도록 충만하게 내 안에 채워짐을 경험하게 됩니다. 적힌 기도제목 뿐만 아니라 내가 예상하지 않은 기도의 내용들을 주님이 내 입술을 통해 쏟아내게 하십니다. 아마도 그 기도의 내용이 각 사람에게 주님이 지금 하시고자 하는 기도의 음성일 줄 믿기에, 그 기도를 하는 내내 그 분들의 기도의 제목들이 풀려나가는 것을 분명하게 느낄 수 있었습니다.

중보기도의 힘은 놀랍습니다. 나 자신만을 위한 기도를 할 때면 내 안에 정말 말도 되지 않는 생각들이 불쑥불쑥 침노함을 느낄 때가 많습니다. 그렇기 때문에 깊은 기도로 들어가기 위해서는 적지 않은 예열의 시간이 필요합니다. 하지만 중보기도는 내 안에 그 어떤 다른 생각이 침노하지 못하는 신기한 경험을 가져다줍니다. 바로 깊은 기도로 들어갈 수 있고, 주님께 맡겨드린 내 입술은 주님이 원하시는 대로 충만하게 기도의 음성을 채워나가십니다.

또한 그 시간을 통해 내가 다른 이를 위해 기도하면서도 오히려 내가 씻김을 받는 놀라운 체험을 가져다줍니다. 오늘 성전기도의 풍성함은 앞으로 계속될 기도의 자리에 대한 기대감으로 한껏 들뜨게 하기에 부족함이 없었습니다.

오늘 기도하는 마지막 10여 분간 내 입술에 반복적으로 올린 기도의 내용이 하루를 채웁니다.

"걱정을 이긴 주님을 찬양합니다!"

기도하기에 걱정하지 않으면 좋으련만, 나는 여전히 연약한 인간이기에 기도하면서도 걱정을 하고는 합니다. 걱정 자체를 하지 않으면 좋으련만, 난 오늘도 어쩌면 계속해서 걱정할지도 모릅니다. 그러나 내 안에 걱정이 있느냐 없느냐가 중요한 것이 아니라 주님이 그것을 이기셨음이 중요합니다. 주님이 앞으로 '이길' 것임이 아니라 이미 '이긴' 주님이시기에 나는 주님을 찬양할 수 있습니다. 나는 어쩌면 내일도 모레도 각기 다른 이름의 걱정을 할지도 모릅니다. 그러나 주님은 이미 이기셨습니다. 나는 그 주님을 기뻐하며 찬양할 뿐입니다.

나의 걱정을 이긴 주님을 찬양합니다. 아멘!

어느 길로 갔느냐 vs 누구와 갔느냐

오늘 산을 오르다보니까 처음 가는 루트에 갈래길이 너무나도 많은 것을 보게 되었습니다. 갈래길 앞에서 몇 번을 망설이며 선택해야 하는 시간이 있었습니다. 한 길은 비교적 덜 가파르고 사람이 다닌 흔적이 좀 더 많은 길이고, 다른 길은 상대적으로 더 가파르고 사람이 덜 다녀 정비가 부족한 길로 구분되기도 하였습니다. 오르다 힘이 들면 좀 덜 가파른 길로 오르고, 좀 덜 힘든 상태면 좀 더 가파른 길로 오르기도 했습니다.

하지만 오르면서 보니까 같이 오르는 사람들과 다른 길을 선택하며 왔어도 도착하는 것은 거의 비슷한 시간임을 알게 되었습니다. 비교적 덜 가파른 길은 다니기에 좋으나 상대적으로 더 돌아가서 거리가 길고, 더 가파른 길은 비록 오르긴 힘들어도 직선길이라 거리가 짧았던 것입니다. 그러면서 그 두 길을 걸을 때의 힘듦의 총량은 어쩌면 같겠다는 생각이 들기도 했습니다.

무수히 많은 갈래길 앞에서 선택을 해야 하는 여정이지만, 때론 덜 힘든 길을 돌아서 멀리 가기도 하고, 때론 더 힘든 길을 짧고 굵게 돌파하기도 하는 것처럼 삶의 매 순간 선택해야 하는 우리도 인생의 끝자락에서 돌아보면 인생의 파도의 총량은 크게 다르지 않음을 보게 될 것입니다.

그렇기에 우리의 삶에서 어느 길로 갔느냐가 크게 중요하지 않고, 그 길을 누구와 갔느냐가 중요할 것입니다. 내가 가고 싶은 대로 멋대로 여기저기 헤매며 살아가는 삶과 내 앞길을 알 수 없어 진리의 길 되신 주님이 이끄시는 대로 주님과 함께 걷는 삶은 시작은 비록 비슷할지 몰라도 그 길의 끝은 너무나도 다를 것입니다.

"나의 하루를 온전히 주님으로 채우라." 이 말씀을 붙잡고 매일매일 살아간다면 그 무수한 시간이 더해진 끝날, 우리는 도저히 놓을 수 없이 끈끈히 맞잡은 주님의 손에 이끌리어 당신의 영원한 나라에 서 있게 될 줄 믿습니다.

아멘. 그렇습니다. 주님.
오늘도 하루 온전히 당신으로만 나를 채웁니다.

1월 7일 / 이루심

이미 이루심을 믿습니다

우리는 때때로 기도하는 가운데 이해할 수 없는 상황을 보게 되거나 중보하는 가운데 주님이 이 사람과 상황을 위해 이루어주셨으면 좋겠다는 마음이 간절한데도 참으로 더디 이루어지거나 침묵하심에 답답한 마음으로 주님께 물을 때가 있습니다. "주님, 이 기도를 언제까지 해야 합니까? 주님, 이 사람을 꼭 도와주셨으면 좋겠는데 왜 아직 응답하지 않으십니까?" 기도자라면 이런 질문이 터져나올 수밖에 없는 상황을 누구나 체험하게 됩니다.

오늘도 어떤 기도 제목을 놓고 기도하는데 그 마음이 들었습니다. "주님, 이 사람과 이 사람이 처한 상황을 주님도 아시지 않습니까? 누구보다 신실한 이 사람의 이 기도 제목이 왜 이리 오랫동안 이루어지지 않는지 이해하기가 매우 어렵습니다." 답답해하는 내 마음 가운데 주님은 한 말씀을 주셨습니다.

"이해하지 말고 믿으라!"

내가 알아들을 수 없는 말씀인지라 반문할 수밖에 없었습니다. "주님, 너무 맹목적이지 않나요? 이해를 시켜주셔야 믿지요." 그때 주님은 내 마음 가운데 생각으로 말씀해주셨습니다. "이해하려고 하는 것, 이해되면 그렇게 하겠다는 것 자체가 아직 온전히 믿지 못한다는 증거이다. 그리 이룰 것을 믿으면 이해하려고 하는 그 시간에 이미 이룸을 감사할 것이다."

그렇습니다. 내가 드리는 그 기도를 주님이 이미 이루셨다고 믿으면 굳이 이해하려 몸부림칠 이유가 없을 것입니다. 내가 아직 믿지 못하기 때문에 그것을 이해해보려고 애를 쓰다보니까 이미 이루실 것을 계획하신 주님의 뜻을 발견하지 못하고 기도의 언저리에서 반복적으로 맴도는 것입니다.

오늘 기도하며 그 마음을 받고 이미 드렸던 기도의 제목들을 다시 하나하나 돌아보았습니다. 그 순간 그 기도의 제목을 피 묻은 손으로 꽉 붙잡고 계신 주님이, 그 주님의 심정이, 내 심장을 강하게 옥죄는 것처럼 절절하게 느껴지게 되었습니다.

　주님은 이미 그 기도를 이루실 준비가 되어 있으신데도, 나는 여전히 온전히 믿지 못하고 머리로만 이해하려고 쩔쩔매고 있음을 주님이 얼마나 안타깝게 보고 계신지, 또 내가 그리고 기도하는 모든 이들이 이미 이루신 주님의 행하심을 온전히 믿는 그 순간을 얼마나 기다리시는지, 그 순간에 봇물 터지듯 이루실 기도 응답의 빗장이 얼마나 팽팽한지를 알게 되었습니다.

　그렇습니다. 주님. 이미 이루심을 믿습니다.
　오직 남은 것은 나의 완전한 믿음. 오직 그뿐임을 고백합니다.
　나로 온전히 믿는 자게 되게 하옵소서.

1월 9일 / 회복

우리 가운데 비추소서

아침 성전에 올라 성전기도하는 가운데 내 입술을 통해 주님이 받기를 원하시는 기도의 음성들을 올려드렸습니다. 그 내용은 "주님, 나의 삶을 정결케 하소서. 나의 마음을 정결케 하소서"였습니다.

반복적으로 그 기도를 올리게 하시는 것은, 마치 너무나 오랫동안 더럽혀진 옷가지를 단 한 번이 아닌 여러 번 세탁하고 또 세탁해서 마침내 깨끗하게 하는 것처럼, 내 마음을 기도 가운데 세상 그 무엇보다 능하신 세정제인 예수 그리스도의 보혈로 씻고 또 씻어 주님이 원하시는 순전함으로 만드시는 것이라 느껴졌습니다.

반복적인 기도 제목을 올리게 하는 것은 주님이 능력이 없어 그 기도 제목을 이루시기 위해 시간과 응원이 필요해서가 아니며, 내 기도의 공덕이 쌓이고 쌓여 어느 수준에 도달해야 함도 아니라 그 기도 가운데 나를 씻고 또 씻어 정결케 하시는 내 영혼의 세탁 시간과도 같다는 생각을 주셨습니다. 그래서 끝내 내가 죄에 대해서는 죽고 예수 그리스도로 말미암은 의에 대하여 영원히 살게 하시기 위함임을 고백하는 데까지 나아가게 하려 하심임을 믿습니다.

오후에 산에 올랐습니다. 산에 오른 날 중에 아마도 가장 춥고 눈길로 쉽지 않은 날이었지만, 그럼에도 제일 먼 길을 걷게 되었습니다. 오후 기온도 두 자릿수에 근접한 영하였지만, 놀랍게도 몇몇 군데는 눈이 녹아 있는 것을 보게 되었습니다. 염화 칼슘을 뿌리지 않은 곳일 텐데 눈이 녹아 있는 것이 신기해서 바라보니 모두 햇볕이 다른 곳보다 더 분명히 내리쬐는 곳임을 알게 되었습니다.

눈이 온 후 기온이 한 번도 영상으로 올라간 적이 없는 곳인데도 햇볕이 비추니 그 눈이 녹은 것을 보며 코로나 사태로 얼어붙은 사람들의 마음과 매스컴을 통해 지난 한 해 들려온 교회에 대한 이야기들로 위축되어버린 이 땅의 교회들 위에 다시 예수 그리스도의 성령의 빛이 비춰면 눈에 보이는 상황은 비록 영하의 날씨 같은 엄혹함이 가득하다 할지라도 그 빛이 비친 곳곳에서 다시 회복되어 살아나는 역사가 일어날 것을 믿게 됩니다.

그렇습니다. 주님. 지금은 비록 보여지는 모든 상황에 모두가 얼어붙어 움츠려 있다 할지라도 이 땅의 교회와 영혼을 사랑하시는 당신의 불붙은 성령의 마음을, 그 빛난 빛을 우리 가운데 비추서서 녹이시고 회복시키옵소서. 아멘. 그렇습니다. 주님! 우리 가운데 비추소서!

1월 11일 / 충만하심

완전한 밀도 되신 성령님, 내 안에 충만하소서

아침 성전에 올라 성전기도로 주님께 나아갑니다. 가지런히 옷을 개어놓고 의자에 앉아 눈을 감습니다. 잠잠히 주님의 임재를 구합니다. 그리고 내 마음을 주님께 쏟아놓습니다.

주님이 보시기에 아름답고 받으실 만한 것들만 내어놓는 것이 아니라 온갖 추한 것들, 부끄러운 것들까지 남김없이 주님 앞에 쏟아놓습니다. 온전히 비우지 않으면 그 안에 아무리 귀한 것을 채워도 그것마저 더럽혀져 쓸 수 없는 것이 되어버리기에 아무것도 남기지 않고 주님 앞에 쏟아놓습니다.

어느 날은 그 시간이 너무나 오래 걸리기도 합니다. 하지만 그 시간이 아깝다고 건너뛰었다간 오히려 내 마음에 주님의 마음을 제대로 담을 수 없으니 매 기도의 처음은 그리해야만 합니다. 다만 매일 기도하는 가운데 그 시간이 짧아지길 간구합니다.

조용히 주님께 숨김없이 쏟아낸 후, 주님의 보혈이 내 안에 흘러들어와 나를 온전히 씻기심을 느끼고 나서야 내 기도의 음성을, 주님의 성령의 인도하심을, 순전하게 비워진 내 영혼의 곳간에 채웁니다. 충만해질 때까지, 더 이상 채울 수 없을 때까지 주님이 부으시기를 간구합니다.

충만해짐이 필요한 것은 충만은 더 이상 다른 그 어떤 무엇으로도 더하거나 섞이게 할 수 없는 상태이기 때문입니다. 내 안에 가득한 성령의 충만함은 세상의 그 어떤 불순물과도 섞일 수 없는 완전한 밀도를 지녔기에 기도하는 내내 특별히 중보하는 내내 이름을 부르는 한 사람 한 사람 안에 동일하게 임재하시길 기도합니다.

아멘! 그렇습니다. 주님. 내 안에 온전히 주님으로 채우셔서 그 어떤 것도 비집고 들어와 자리할 수 있는 일말의 공간도 허락지 마옵소서.

바라봄은 사랑함으로 인한 것이며,
사랑함은 닮아감으로 나아갑니다

아침 성전에 올라 기도의 자리에서 나의 갈망을 주님께 올려드립니다. "주님, 하루를 온전히 주님의 이름으로 내 마음을 채우기 원합니다." 그러나 그 간절함이 불쑥불쑥 솟아오르는 말도 되지 않는 생각의 침노함을 당하기도 합니다.

하루를 온전히 주님의 이름으로 내 마음을 채우는 것이 당장 마음을 먹는다고 그 순간부터 되는 것이 아니기에 성경에 기록된 비유처럼 달음박질 경기를 준비하는 선수와 같이 오늘도 내 영적 초점을 주님께 맞추고 또 맞추는 영적 매만짐을 합니다.

이렇게 매일매일 순간순간 내 눈을 들어 주님을 바라봄으로 영적 초점을 맞춰갈 때 더 이상 세상 그 어떤 보암직함도 내 시야에서 영적 흔들림을 이끌어내지 못할 것이며, 오직 주님 한 분에게만 내 온몸과 마음이 최적화될 줄 믿습니다.

게스트하우스에 들어와 있는 동안 이 훈련에 온 마음을 쏟습니다. 선교지에 돌아가 무수히 번잡한 일상으로 들어서면, 어쩌면 그 삶의 분주함으로 내 눈이 흐려질 수 있기에 지금의 훈련으로 그때가 되어도 흔들리지 않는 내 영의 견고함을 구축하기 위해서입니다.

일상에서 마음의 중심 잡기는 쉽지 않은 일임을 부인할 수 없습니다. 조용히 기도의 자리로 나아갈 때 내 마음은 오직 예수 그리스도 한 분만으로 충만해지는데, 삶의 자리에서는 너무나도 쉽게, 너무나도 자주 흔들리는 것을 보면 알 수 있습니다. 그렇기에 매 순간 흐려지고 떨궈지고 두리번거리는 내 시선을 모아 변함이 없으신 주님의 임재를 바라봅니다.

바라봄은 사랑함으로 인한 것이며 사랑함은 닮아감으로 나아갑니다. 그렇기에 오늘 하루를 온전히 주님께 간구합니다. "무엇보다 더욱 주님을 사랑하며, 누구보다 더욱 주님을 닮아가게 하소서. 중보기도를 올리며 한 사람 한 사람에게 동일하게 주님의 마음을 얹습니다. 무엇보다 더욱 주님을 사랑하며, 누구보다 더욱 주님을 닮아가게 하소서." 아멘. 그렇습니다. 주님, 오직 주님, 당신을 닮아가게 하소서.

매 순간 기도하게 하시는 이유

아침 성전에 올라가 성전기도를 하며 주시는 마음을 받습니다. 주님
은 왜 우리에게 매일 기도하게 하시는지에 대한 주님의 마음을 전해
받습니다. 그것을 알게 하시기 위해 주님은 사람이 만든 것들과 주
님이 만드신 것의 차이에 관해 말씀하십니다.

　사람이 만든 것과 주님이 만드신 것의 차이는 '성장함'에 있다는
말씀을 주십니다. 사람은 종이 한 장에서 우주선까지 모든 것들을
이미 완성된 상태, 즉 더 이상 스스로 성장할 수 없는 상태로 만들지
만, 주님은 단세포 생물에서부터 만물의 영장이라는 인간까지 모든
피조물을 만드실 때 그것을 성장하고 성장해야만 하는 존재로 만드
신다는 것입니다. 주님은 당신의 피조물에 생명을 주시고 그 생명이
지속하여 살아가며 나아가 매 순간 자라고 성장할 수 있도록 우리
를 지으셨습니다.

　성장의 멈춤은 노화의 시작이고 노화의 끝은 생명이 다해 소멸로
나아가는 것입니다. 우리는 매 순간 주님이 주시는 생명으로 그 생명
을 이어가며 살아가고, 또 살아가야만 합니다. 육신도 이렇다면 우
리의 영혼 또한 다를 바 없음을 믿습니다. 우리의 영혼도 우리의 육
신처럼 매 순간 영혼의 생명 활동을 이어가야 함이 당연하며, 주님은
그 생명 활동의 원동력이 기도임을 깨우쳐주십니다. 그렇기에 기도의

멈춤은 영적 생명 활동의 동력의 상실이며 이는 곧 영혼의 성장의 멈춤이자 죽음으로 이어지는 길인 것입니다.

간혹 동면(冬眠)을 하는 동식물이 있지만 그것도 엄밀히 말하면 생명 활동을 최소한으로 하는 것이지 완전히 멈추는 것은 아닙니다. 우리의 기도는 우리 영혼의 생명 활동을 위한 당연히 해야 할 영적 호흡과도 같은 것이기에 주님은 우리가 매 순간 기도로 당신께 나아오기를, 그렇게 함으로써 우리가 영과 육이 살고, 나아가 성장하기를 원하심을 마음으로 듣습니다.

중보기도를 위해 한 사람 한 사람의 기도제목을 주님께 올려드리면 주님의 손이 그에게 얹어지는 느낌을 받습니다. 주님의 능하신 오른팔이 그에게, 그의 이름 위에, 그의 삶에 함께하신다면 더 이상 두려울 것이 없기에, 각 사람을 위해 기도하는 끝자락에는 항상 큰 소리로 기쁨의 "아멘!"을 외칩니다.

1월 16일 / 은혜

생명의 강이 되어 은혜의 공급자가 되게 하소서

기도를 마치고 돌아와 가족들과 함께 청계산에 올랐습니다. 어제까지 낮 기온이 꽤 높았을 텐데도 응달진 곳은 아직도 얼음이 매우 두껍게 얼어 있는 것을 보았습니다. 계곡 속에도 엄청난 얼음들이 남아 있었습니다.

그것들을 보며 은혜의 시대에 살고 있음에도 복음을 듣지 못해 아직 영원한 생명을 얻지 못한 수많은 미전도 지역의 선교지를 생각하며 그곳에도 생명의 말씀, 은혜의 햇볕이 내리쬐어 그들의 묶임이 녹아지고, 구원의 역사가 일어나길 기도하였습니다.

그런데 어떤 곳은 전혀 얼지 않고 액체 상태로 있는 곳도 있었습니다. 가만히 보니 그곳은 물이 약하게라도 흐르고 있는 곳들이었습니다. 아무리 맹추위가 몰아쳐도 흐르는 물은 얼리지 못하는 모양입니다. 성도의 기도는 마치 이와 같아서 그 기도로 인해 흐르는 성령의 역동하심은 그 어떤 상황에서도 흐르고 흘러 생명의 강이 되어 은혜의 공급자가 될 것입니다.

코로나 시국이 아무리 위세를 떨쳐도 깨어 있는 성도들의 기도와 성령의 역사하심을 막을 수 없음을 믿습니다. 아멘 그렇습니다. 주님. 우리의 기도가 당신의 은혜의 강을 역동하게 하소서.

1일 24일 / 은혜

가리우심의 은혜

오래전 파라과이에서 한인목회를 하시다 한국으로 돌아온 목사님의 교회에서 주일 설교를 하고 돌아왔습니다. 오고 가는 길에 운전하며 고가도로를 지날 때마다 옆으로 문득문득 보이는 바닥이 아찔해 보였습니다.

만약 옆에 가드레일이 있지 않다면 아마도 겁이 나서 운전하는 데 어려움이 있을 것입니다. 그러나 가드레일이 그 아찔한 곳을 가려주어 잘 보이지 않기에 넓지 않은 길도 마음 놓고 갈 수 있습니다.

우리의 삶도 이와 같아서 주님이 우리 삶의 아찔한 상황을 가려주지 않으시면 우리는 그 상황에 겁을 먹고 앞으로 나아가지 못할 것입니다. 이렇듯 때때로 보이지 않는 미래가 오히려 우리를 앞으로 나아가게 하시는 은혜임을 믿습니다.

브라질에서 오래 사역하신 선교사님의 사모님이 코로나로 소천하셨다는 소식을 듣습니다. 제가 처음 선교사로 나가기 위해 필요한 서류에 사인해주신 분이고, 남미에서 사역하는 동안 누구보다 우리를 사랑해주시고 선물을 해주셨던 분이 그렇게 되었다는 소식이 가슴을 찢습니다. 현재 선교사님과 아들 선교사님도 위중하다는 소식이 더욱 마음을 힘들게 합니다. 주님, 치유하소서! 치유하소서!

1월 25일 / 치유

이 땅의 교회들을 치유하소서

아침에 성전 기도를 올리려 도착하니 아무도 없어서 어두운 공간에 들어섭니다. 주님의 이름을 부르며 마음의 촛불을 켭니다. 낮고 길게 부르는 그 이름만으로도 내 온 마음에 온기가 퍼져 가득 채워짐을 느낍니다. 어제 소천한 선교사님을 생각하며 주님의 마음을 구합니다. 또한 나의 삶도 생각해봅니다. 철저한 불확실성의 존재인 나. 깊은 묵상과 침묵 속에 주님의 마음을 구합니다.

관악산에 다녀왔습니다. 눈이 남아 있었다면 꽤 다니기 힘들었을 길이었겠으나 이미 거의 다 녹아서 수월하게 오를 수 있었습니다. 돌이 많은 산 곳곳에 사람들이 쌓아놓은 수많은 작은 돌탑들을 봅니다.

우리 민족에게 이렇게나 종교성이 많음을 봅니다. 다만 저들이 하나님을 알지 못해 세상의 수많은 허탄한 것에 마음을 쏟고 있음이 안타깝습니다. 요즘은 오히려 고국이 더욱 선교지 같음을 느낍니다.

매일 매스컴에 올라오는 교회에 대한 소식들은 더욱 그런 마음이 들게 합니다. 주님, 이 땅의 교회들을 치유하소서.

1월 26일 / 순종

내 안에 완전한 신뢰와 순종의 역사를 이루소서

파라과이로 돌아갈 날이 점점 다가오고 있습니다. 고국으로 들어온 순간부터 그날이 오기를 기다리고 있었지만, 마음 한편에 알 수 없는 감정이 꿈틀대는 것을 보면 사람이 나고 자란 땅에 대한 본성적 마음 쓰임은 어찌할 도리가 없는 것 같습니다. 점점 나이를 먹어갈수록 고향에 대한 마음의 무게감은 비례하는 듯합니다.

아침에 성전에 올라가 기도하는 가운데 근래에 들어 전에 없던 앞으로 되어질 일들에 대한 염려라고 할 것도 없는 아주 작은 염려들이 마음에 발을 디디는 것을 느낍니다.

지금까지 그래왔던 것처럼 주님께서 당신의 가장 선한 길로 인도하실 것이 분명함에도 이런 생각들이 들어오는 것을 보면 내 안에 아직 완전한 신뢰와 순종이 온전히 충만하지 못함이 아닐까 하는 생각이 들어 더욱 주님의 이름을 부를 수밖에 없습니다.

온전하신 주님!
내 안에 완전한 신뢰와 순종의 역사를 이루소서!
매 순간 내 안에 오직 당신만으로 채우시고 또 채우소서!

1월 27일 / 은혜

당신의 은혜를 아끼지 마시옵소서!

기도가 응답되었다는 소식을 듣는 것이 중보 기도자에게 가장 기쁜 일입니다. 아침 성전 기도를 올리러 가면서 기도를 응답하신 주님을 찬양할 수 있음에 얼마나 감사한지 모릅니다. 기쁜 마음으로 노트에 적힌 한 줄의 기도 제목을 지우고 다른 기도 제목으로 그 자리를 채우는 것이 감격스러운 일입니다.

오후에 목사님을 만나러 버스를 타고 다녀왔습니다. 버스는 소위 강남 한복판을 지나며 휘황찬란한 조국의 거리를 보여주었습니다. 날로 발전하는 고국의 모습이 참으로 놀랍고 자랑스럽습니다. 그러면서 정글에서, 나무 밑에서, 어느 초가집 처마 밑에서 예배하는 선교지의 모습을 떠올립니다.

단위조차 생경한 이곳의 건물의 가치가 선교지에서 얼마나 많은 예배 처소를 세울 수 있을지를 생각하다가 도무지 내 머리로는 계산이 되지 않아 고개를 절레절레 저었습니다.

매해 주님이 놀랍도록 다양한 방법으로 예배당들을 세워오신 것을 반복적으로 체험하면서도 매해 연초에 동일하게 그 해를 걱정하는 것은 마치 매일 만나를 먹으면서도 내일을 염려하는 광야의 이스라엘 백성과 다를 바 없는 부족한 믿음을 고백하게 합니다.

이는 매해 매 순간, 기도 없이 아무것도 하지 않으시겠다는 주님의 단호한 결의를 보게 하시려는 것임을 믿습니다. 주님, 올해도 당신이 주시는 마음에 순종하여 사역에 동참할 이들이 받을 세상 그 무엇과도 비교할 수 없는 큰 은혜를 아끼지 마시옵소서!

지금까지 지키신 주님, 오직 당신이 키워주시옵소서

아이가 입학하여 첫해를 다닐 학교에 다녀왔습니다. 학교에 가서 보니 이제 아이가 부모를 떠나 홀로 학업해야 한다는 것이 실감이 납니다. 아이가 어릴 때 예배당을 세우기 위해 또 전도 집회를 열기 위해 수없이 집을 비우는 시간들이 많아 아이가 그린 그림에 아빠가 빠져 있는 것을 본 후에는 가능한 대로 아이와 시간을 보내려 했지만 그러지 못했던 것이 못내 미안해서 한국에 와 있는 동안 가능한 아이와 함께 시간을 보내려 하고 있습니다. 매일 산에 오르는 것도 아이와 가장 길게 시간을 보내는 방법이기 때문이기도 합니다.

부모 된 입장으로 아이를 홀로 남겨두고 선교지로 돌아가는 것이 힘든 일이지만 지금까지 지켜주신 주님이 또한 이 땅에서도 지키실 것을 믿기에, 또한 고국의 많은 이들이 기도로 보호자가 되어주실 것을 믿기에, 마음에 평강을 얻습니다.

돌아보면, 주님이 이 모든 일들을 이루어 가시며 저로 하여금 얼마나 많은 "그럼에도 불구하고"라는 고백을 받으셨는지 모릅니다. 원주민 마을에서 그들과 함께 살 때 벌레가 어린 아이의 손톱 옆, 발톱 옆에 알을 낳으면 밤에 아이가 잘 때 한 사람은 아이를 움직이지 못하게 붙잡고, 한 사람은 대바늘로 그 알들을 파내고는 했었습니다. 그때 자지러지게 우는 아이를 보며 차라리 내가 그 고통을 당했으면 좋겠다는 마음과 함께 부모 된 우리는 선교사로 헌신하였기에 어떤 고통과 고난이 와도 아멘 하며 견디겠지만, 이 작은 아이에게 왜 이런 일들이 일어나야 하는지 주님께 눈물로 묻고는 했었습니다.

그럼에도 불구하고 "주님이 우리를 이 사역에 부르셨으니 당신이 이루어주시옵소서. 이 아이를 이곳에서 우리 힘으로 지키고 키워낼 수 없으니, 주님이 맡아 키워주옵소서"라고 올린 기도를 주님이 받으셔서 마치 그 아이에게 주님의 백신을 맞춰주신 듯이 병원도 없던 그곳에서부터 지금까지 아픈 곳 없이 지켜주시고, 배움의 여건이 좋지 못한 그곳에서 주님이 주신 지혜로 지금까지 학업을 이어올 수 있게 해 주셨습니다.

"지금까지 지키신 주님, 오직 당신이 키워주시옵소서."

1월 29일 / 영생

영원하지 않은 이 생명을 드려 영원한 삶을 얻게 하소서

산에 올라 정상에서 바라본 풍경이 너무나 근사해 한참을 내려다보았습니다. 정상에서 잠시 머물다가 내려오면서 문득 집 근처 이구아수 폭포에 다닐 때를 생각해보았습니다. 장관을 평생 처음 보는 사람들이 내지르는 감탄을 옆에서 지켜보면 참으로 다양한 모습을 보

게 됩니다.

하지만 그 모습이 아무리 장관이라도 온종일 거기서 머무르는 사람은 본 적이 없을 것입니다. 왜냐하면 그곳은 그의 집도, 그 무엇도 아닌 잠시 와서 보고 떠날 관광지이기 때문입니다. 잠시 있다 떠날 곳에서 안절부절못하고, 갈지 말지를 고민하는 것만큼 어리석은 것이 없는 것처럼 마치 이 땅의 삶이 전부인 양 영원한 본향을 향해 나아가는 발걸음을 떼지 못하는 삶 역시 어리석다 할 것입니다.

그러나 우리는 종종 그 어리석은 삶을 살아갑니다. 근래 들어 내 마음에 드는 알 수 없는 감정은 아마도 그와 연관된 어리석은 감정에 휘둘리기 때문이 아닌가 하고 기도 가운데 깨우침을 받습니다.

그렇습니다. 주님. 영원하지 않은 이 땅에서 영원한 천국을 소망하여 영원하지 않은 이 생명을 드려 영원한 삶을 얻게 하소서.

2월 1일 / 보혈

온전한 비움은 온전한 채움을 위해서입니다

아침 일찍 출발해 건강검진을 다녀왔습니다. 건강검진을 위해 어제 저녁부터 장을 비우기 위한 액체를 마시는데 쉽지 않은 일이었습니다. 많은 양을 마셔야 하고 유쾌하지 않은 맛과 느낌까지 더욱 그러했습니다. 그러나 그렇게 함으로써 내 안을 다 비울 수 있고 비로서 내 안의 상태를 점검할 수 있었습니다.

내 육신을 비움으로써 들여다볼 수 있듯이 내 영혼도 매일 매 순간 그렇게 비워지고 주님의 조명하심을 받고 그 주님의 임재로 다시 채우길 소망합니다. 주님으로 온전한 채움을 받기 위해서는 내 안의 모든 더러운 것들을 비워냄이 당연한 선결 조건일 것입니다. 내 안에 임재하시는 주님, 당신이 거하시는 그곳에 나의 모든 더러움이 자리하지 못하도록 매 순간 나를 보혈로 씻어주옵소서!

part 2

주님의 빛을 비추소서

주님, 내 마음에 쌓인 것과 치워야 할 것이 무엇인가요?

파라과이로 돌아왔습니다. 결코 익숙해지지 않는 장거리 비행을 마치고 걱정스러웠던 코로나 시국의 까다로운 입국을 너무나도 수월하게 지나 노심초사했던 세관 통과는 마치 그런 것이 아예 없었던 것처럼 통과하여 공항에서 국경까지 짐을 들고 이동하는 수고로움조차 전혀 느끼지 못하고 무사히 집으로 돌아왔습니다.

너무나도 순적하게 진행되었지만, 이것이 가능하기 위해 얼마나 많은 이들이 중보해주었는지를 생각하면 결코 거저 운 좋게 된 것이 아님을 고백합니다. 주님의 일에는 기도가 쌓이지 않고 거저 되는 것이 없음을 믿습니다.

돌아온 집은 3개월간 닫혀 있던 문과 창문들이 열리자 그동안 무슨 일들이 일어났었는지를 분명하게 말해주었습니다. 들어올 곳이 없을 것 같은 곳들에 쌓인 먼지와 지난 시간 엄청나게 내린 비가 남긴 습기를 머금고 자란 곰팡이들이 반겨주었기 때문입니다.

이는 마치 우리의 마음과 같아서 주님을 떠나 잠시라도 다른 곳에 거하면 필연적으로 쌓일 삶의 찌꺼기들을 상상할 수 있게 합니다. 몇 시간에 걸쳐 쓸고 닦아 그들의 흔적을 지운 후, 짐 가방을 열고 다시 일상으로 발을 디디게 되었습니다.

그리고 제일 먼저 한 것은 통신의 연결입니다. 핸드폰과 인터넷을 재개통하고 사람들에게 연락을 시작했습니다. 통신이 막히면 그 어떤 일도 시작할 수 없기에 가장 먼저 그 일이 필요했던 것처럼 삶의 가장 우선순위는 주님과의 가장 원활한 통신, 즉 기도와 동행임을 믿습니다.

그 후에야 며칠 쉬지 못한 육신의 피곤을 이기지 못해 쓰러져 죽은 듯 몇 시간을 자고 시차의 힘으로 일어나 책상에 앉게 되었습니다. 이제 새 아침이 밝으면 새로운 시작이 펼쳐질 것입니다. 그 시간들 안에서 가장 구하는 것은 오직 하나, 주님, 오직 당신뿐입니다.

3월 15일 / 은혜

매일 내 안에 흘러 들어와 내 안을 채워야 할 것

선교사로 18년간 사역하며 여러 차례 고국에 다녀오지만, 매번 동일하게 겪어야 하는 것이 있다면 바로 시차 적응입니다. 오후만 되면 견딜 수 없이 졸리기에 쓰러져 잠들면 새벽에 어김없이 깨어 일어나는 것에 반복이지만, 횟수가 더해질수록 그 시간이 짧아진다는 것이 그나마 위로가 됩니다.

새벽녘에 일어나 어제 못다 한 청소와 정리를 하고, 날이 밝고 햇살이 좋아 먼지가 내린 이불보들을 세탁기에 넣어 돌렸습니다. 불과 얼마 전까지 영하의 온도에 적응되었던 몸이 37도의 온도에 놀랐는지 밖에서 집 주변을 청소하는 내내 엄청난 땀을 뿜어내기도 했습니다.

세탁기를 작동시키고 얼마 지나지 않아 배수관과 연결된 파이프에서 물이 역류하는 것을 보게 되어 자세히 살펴보니까 세탁기 배수관과 연결된 파이프에 아주 작은 벌들이 집을 지어 그 파이프를 완전히 막고 있는 것을 보게 되었습니다.

벌이 집을 지을 거라고는 절대 상상할 수 없는 곳이지만, 지난 3달 가까운 시간 동안 그 파이프를 통해 세탁기 물이 흘러 들어가지 않았으니 벌들이 안심하고 그곳에 집을 지은 모양입니다. 매일 반복적으로 흘러 들어갈 통로에 아무것도 흐르지 않으니 전혀 상상하지 못한 것들이 자리를 차지하고 그곳을 막아버린 것입니다.

이는 마치 사람의 마음과도 같을 것입니다. 내게 매일 공급되어야 할 것, 매일 내 안에 흘러 들어와 내 안을 채워야 할 것은 말할 것도 없이 오직 예수 그리스도, 그분의 생명의 은혜일 것입니다.

그러나 그것을 공급받지 못한다면 내 영혼의 파이프가 메말라져서 전혀 상상도 못한, 도무지 받아들이고 싶지 않은 더러운 것들이 내 안에 가득하게 됩니다. 주님으로부터 받아야 할 생명의 은혜를 받지 못한다는 것은 상상만 해도 끔찍하고 아찔하기만 합니다.

그러나 우리는 종종 그 모습 그대로 살아가며 겉으로는 짐짓 아무렇지도 않은 채 속으로는 말할 수 없는 헛헛함을 견뎌내며 살아가고는 합니다. 막힌 곳을 뚫어내고 당연히 흘러야 할 것을 흘러 들어

오도록 회복해야 합니다. 그리하여서 내 안에는 오직 한 분 예수 그리스도의 생명의 은혜만이 늘 가득하여 그 어떤 다른 것들이 이미 그리스도로 충만한 내 삶의 파이프에 발을 들여놓지 못하도록 해야 할 줄 믿습니다.

오늘도 나는 내 삶의 모든 통로를 점검합니다.
무시로 들이닥치는 무례한 죄의 침노를 용납하지 않고
오직 한 분 예수 그리스도의 노크에만 귀를 기울입니다.

아멘. 그렇습니다. 오직 주님, 당신만이 내 삶에 허락된 유일한 초청자이십니다.

3월 16일 / 사용하심

거룩한 통로가 되게 하소서

아직 적응되지 않은 시차는 새벽이면 어김없이 나를 깨워 일으킵니다. 고요한 시간, 오직 풀벌레 소리만 가득한 방에 있으면 이보다 더 기도하기 좋은 환경이 없습니다. 파라과이는 폭증하는 코로나 상황으로 인해 다시 강력한 야간 통제를 시작하였습니다.
우리는 토요일에 입국했는데 국경은 그다음 날인 주일에 닫혔습니다. 하루만 늦게 도착했으면 파라과이에 들어올 수 없었고, 이른 아침에 도착하지 않았다면 다닐 수 없는 상황이었을 것입니다. 비록 아슬아슬한 시간 차이였지만, 어느 것 하나 막히지 않고 순적하게 진행됨을 보며 주님이 얼마나 우리의 삶을 안전하게 인도하고 계시는지를 다시 한번 알게 하고 고백하게 하심을 보게 됩니다.

어제는 월요일인지라 한국 방문 동안 멈춰졌던 일들을 시작할 수 있었습니다. 세 군데의 관공서를 들러서 운전면허증 세금을 내고, 차량들의 세금을 내고, 필요한 물품들을 구입하기도 했습니다. 그리고 오랫동안 세워두었던 차량의 상태를 점검하고 빼놓았던 배터리 선을 연결해 시동을 걸어보았습니다. 다들 잘 걸리는데 아무리 해도 한 대만 시동이 걸리지 않았습니다. 기술자가 아니니 이유를 알 수 없겠으나 한두 번 걸리는 척하다 결국은 걸리지 않은 것을 보니 아마도 오랫동안 시동을 걸지 않고 세워두어서 연료를 공급하는 작은 관에 문제가 있을 것으로 생각해보았습니다.

자동차 전체로 보면 그 작은 관이 차지하는 부분은 너무나 미약할 것이 분명합니다. 하지만 그곳에 문제가 있으면 나머지 거대한 부분이 무용지물이 되는 것입니다. 차를 움직일 수 있게 하는 심장인 엔진에 지속적으로 연료를 전달해줄 수 있는 그 작은 관을 생각하며 우리가 살고 있는 이 거대한 세상 안에 우리의 존재를 떠올려보았습니다.

비록 여러 이유로 세상 가운데 있는 우리가, 우리의 교회가 비난받는 일이 있다 하더라도 우리의 역할은 바로 이 관과 같음을 믿습니다. 이 거대한 세상을 움직일 하나님의 일하심을 위해 우리가 그 거룩한 통로가 되어야 하기 때문일 것입니다.

　비록 그 두 존재 사이에서 우리의 물리적 크기와 힘은 비할 바 없이 작을지라도 우리가 맡은 역할은 그렇게 작지 않음을 믿습니다. 그러나 그런 우리가, 우리 공동체가 스스로 막혀 있으면 이 거대한 세상이 하나님의 뜻을 알지도, 듣지도 못해 그대로 주저앉아버리기에 우리는 매 순간 우리를 점검하여 막힘이 없는 그리스도의 거룩한 통로자가 되어 그분의 은혜를 세상에 흘려보내는 자가 되어야 할 것입니다.

　어둑새벽의 기도는 간결합니다.
　주님, 나로 그렇게 하소서.
　나로 그 거룩한 일에 온전히 사용되게 하소서.
　막힌 것을 뚫으시고, 성령으로 충만히 채워
　세상에 당신의 은혜를 흘려보내는 자가 되게 하소서.

3월 18일 / 세우심

헐고 다시 세워야 합니다

지난밤 비가 많이 내려 길이 다니기 좋지 않아 나가지 않고 집에서 여러 일을 진행하였습니다. 딸아이의 방에 옷을 걸 옷걸이 틀을 만들고, 지난 3달 동안 웃자란 풀들을 뽑아내고, 무너져 내린 장작더미를 다시 쌓아 올렸습니다. 장작은 자주 사용하기 때문에 적지 않은 양이 있는데, 무게 중심이 잘못 잡혔는지 일부 쓰러진 것을 걷어내고 다시 쌓은 것입니다.

일을 빨리하기 위해선 무너진 것들만 기존의 것에 얹으면 되겠지만, 그렇게 하면 또 다시 무너지기 때문에 시간이 걸리더라도 다 걷어내고 다시 쌓았습니다. 그냥 쌓는 것이 능사가 아니라 균형과 중심을 잘 맞추어 쌓아야 하는 것이 중요한 것은 비단 장작만이 아님을 믿습니다. 잘못된 기초, 중심 잃은 생각을 바꾸는 것이 귀찮다고 그대로 묵혀두고 살아간다면 그 삶은 시시로 때때로 그렇게 무너져 내릴 것입니다.

헐고 다시 세워야 합니다.

지리한 싸움, 곤고한 투쟁이 되더라도 그것이 이루어져야 삶의 흔들림 앞에서도 다시 무너지지 않을 것입니다. 반석 위에 당신의 집을 세우시겠다는 주님의 말씀을 의지합니다. 그 거룩한 터전 위에 결코 변하지 않는 진리의 기준으로 쌓아 올립니다. 주님, 내 삶의 중심, 유일한 기준은 당신임을 믿습니다!

기도하게 하심의 이유

올해 교회 건축에 필요한 재정에 대한 염려가 지난 고국 방문 때 있었는데 놀랍게도 마지막 2주 안에 순식간에 다 채워지는 경험을 하게 하십니다.

매일 성전기도 가운데 그 기도를 쌓게 하시더니, 주님은 고국에서 떠나기 2주 전에, 그것도 비행기표 문제로 4일 늦게 출발해야 하는 그 사이에 채우시는 역사를 보여주셨습니다. 기도하게 하심에는 분명한 이유가 있고, 그 순종에는 당신의 계획을 이루어가실 가시적인 도움을 보여주십니다.

가정 예배를 드리는 건축 예정지들을 돌아보았습니다. 주님이 얼마나 그곳 가운데에서 예배를 받으시기 원하시는지를 느끼게 해주셨습니다. 그곳에 세워질 예배당을 통해 구원받는 자가 날마다 더해지는 역사를 상상만 해도 가슴이 벅찹니다. 그 일을 위해 순종함으로 헌신하는 이들에게 더해질 주님의 은혜 또한 상상조차 되지 않습니다.

귀하게 사역하시는 사역자의 가정에 방문했습니다. 그 부인이 오랫동안 몸이 안 좋다는 말을 듣고 무거운 마음으로 방문해서 보니 한쪽 발 밑부분이 거의 다 썩어 있음을 보았습니다.

전에는 다리 전체가 검었다는데 지금은 그나마 많이 좋아진 것이라고 말합니다. 병원에 입원했다가 재정이 허락되지 않아 퇴원해서 약을 먹고 있다는데 그 약도 다 떨어져 가는 것을 보게 되었습니다. 일단 제게 있는 것을 모두 준 후에 함께 기도하기로 하고 떠나는 발걸음이 쉽지 않았습니다. 주님! 창조의 모습으로 회복하옵소서.

3월 26일 / 담대함

염려하지 않고 핑계하지 않겠습니다

아침 일찍 브라질 출신 선교사와 함께 원주민 마을에 방문했습니다. 코로나에 걸리면 치료할 방법이 없는 지역인지라 방문이 조심스러워 최대한 조심해서 다녀오게 되었습니다.

근래 들어 원주민 선교에 전에 없던 어려움들이 있음을 보게 됩니다. 작년에 원주민들이 선교사들을 죽이고, 선교사의 가족이 망하도록 자신들의 아이들을 희생제물로 바친 사건이 일어나 큰 문제가 되었던 적이 있는데 여전히 선교사에 대한 적대감이 사그라지지 않았음을 보게 됩니다.

그래서 더욱 조심성이 생기고 두려운 마음도 들지만, 이런저런 염려는 핑계를 낳고 그 핑계는 결국 사역에 소홀함을 초래하기 때문에 이 모든 것들이 영혼 구원을 극도로 싫어하는 사탄이 수천 년 동안 자기 손안에 두고 마음대로 휘저었던 것을 포기할 수 없는 최후의 발

악이라 믿고 더욱 기도로 나아가게 됩니다.

내 마음에 평강을 주소서

선교사로 살아간다는 것은 고국에서는 결코 경험할 수 없거나, 극히 경험하기 힘든 일들을 마치 일상처럼 겪을 것을 당연하게 여기며 살아가야 한다는 것과 그 각오가 되어 있어야 한다는 것을 의미하기도 합니다.

그러나 각오가 되어 있다는 말이 그 상황에 닥쳤을 때 아무렇지도 않게 의연하게 지낼 수 있는 말과는 동일하지 않습니다. 이해하기 어려운 상황과 일들은 마음에 적잖은 타격을 입히고, 그것을 오롯이 몸과 마음으로 삭이고 소화시켜 아무렇지 않은 듯 살아내는 데에는 어느 정도의 내상(內傷)도 각오해야 합니다.

그럴 때마다 구합니다.
내 마음에 평강을 주소서.

그래서 늘 점검하며 또 점검합니다.
내 마음에 평강이 있는가?

평강이 없음에도 평강을 회복하지 않고 나아갔을 때 겪은 수많은 시행착오들을 온몸이 기억하기에 더욱 그러합니다. 상황과 사건이 사람을 힘들게 하여도 사람과 사람과의 관계에서의 어려움보다 결코 크지 않음을 봅니다.

"이것까지 참으라" 하시는 주님의 말씀이 아직도 내게는 버겁습니다. 언제쯤 그 경지에 오를 수 있을지 자신이 없기도 합니다.

그러나
그렇기에
다시 한 번 주님의 이름을 부릅니다.
꾹꾹 눌러 부른 당신의 이름,
내 마음에 평강으로 살포시 내려앉으소서.

4월 5일 / 겸손

온전한 대언자

설교 말씀 가운데 성령의 임재가 강하게 느껴지는 것은 놀랍고 감사한 일입니다. 부활절 예배에 코로나 통제로 한정된 인원이 예배할 수밖에 없었지만, 말씀을 전하는 가운데 내 안에 충만한 성령의 외치심을 체험하는 것은 놀랍고 감사한 일입니다.

모든 설교자는 설교를 잘하고 싶은 마음을 품습니다. 그러나 그 이유가 각기 다르다는 것을 오랜 시간 설교자로 서면서 느끼게 됩니다. 철없던 시절, 설교를 나를 드러내는 수단으로 여겼던 적이 있었습니다. 그래서 설교가 잘 되었다고 느껴졌던 날은 어깨가 으쓱해지고, 반대로 죽을 쑨 것 같은 날은 견딜 수 없는 실의에 빠지기도 했습니다. 주님의 대언자가 아니라 내가 설교의 주체인 것으로 생각하는 엄청난 착각에 빠져 살았던 것입니다.

그런 생각을 주님이 선교지에서 완전하게 바꾸어주셨습니다. 처음 선교지에서 하는 설교는 3살짜리 현지인 아이보다 어눌한 지경이었습니다. 그러니 그 안에서 내가 으쓱할 만한 것도, 나를 드러내고 내세울 만한 그 어떤 것도 찾아볼 수 없었습니다.

그제야 설교의 본 의미, 온전한 대언자의 의미를 자의 반 타의 반 깨닫게 되었습니다. 그것이 내 안에 거부할 수 없을 만큼 완전히 자리 잡은 후부터 선교지에서 하는 모든 설교에서 나에 대한 그 어떤 기대감도 품지 않고 온전히 주님이 이끄시기만을 구할 수 있게 되었습니다. 설교를 시작하며 끝낼 때까지 드리는 한 가지 기도는 "주님, 당신이 전하고자 하시는 말씀이 모든 심령 가운데 전해지게 저를 사용하옵소서"뿐입니다.

가끔 고국에 가서 서는 설교 자리에는 아직도 내 안에 나에 대한 기대감이 남아 있어서인지 설교에 사람의 힘이 들어가려 하기도 합니다. 그렇게 전한 설교의 끝자락에서 내 마음에 퍼지는 생각은 '아직도, 여전히…'라는 자책이며 주님 앞에 말할 수 없는 부끄러움이 휘몰아칩니다.

완전히, 온전히 내려놓길 갈망합니다. 수단이 아닌 '순복의 대언자'로 세워지길 갈망합니다. 내 삶은 완전히 드리고, 먼 훗날 "무익한 종을 받아주시옵소서"라고 고백하기만을 원합니다.

4월 10일 / 중보

주님, 내가 그 중보자가 되겠습니다

"주님, 내 마음이 문제입니다. 상황과 조건이 아니라 내 안에 품고 있는 죄 된 내 본성의 악한 생각이 문제입니다. 그렇기에 이 기도의 자리에서 다른 것을 구하는 것이 아니라 추한 내 마음을 씻으시어 주님이 원하시는 모습으로 회복되길 간구합니다.

매 순간 그렇게 정결해짐을 받길 원합니다. 내 안에서는, 내 스스로는 도무지 이룰 수 없는 그 주님의 마음을 내게 주옵소서. 이에 대한 나의 간절함은 해가 갈수록, 날이 더해질수록 더욱 강렬해집니다. 내 마음을 씻으소서, 당신의 피로 씻으소서. 그리하면 나는 당신으로 인해 정결케 되리이다."

하루를 닫는 저녁 시간 성전에서 올려드리는 기도가 매일 더욱 간절해짐이 오히려 내게 은혜입니다. 특별히 기도 제목을 붙잡고 올려드리는 중보기도의 시간이 더욱 그러합니다. 여러 명을 위해 기도해야 하니 한 명에 많아야 1분 안팎의 시간에 지나지 않지만, 그 기도가 매일 쌓이면 그 시간이 결코 짧다고만 생각할 수 없을 것입니다.

모두 다 자신만을 위해 기도할 때 기도가 홍수 같으나 오히려 주님은 당신의 귀의 목마름으로 인해 주님의 마음을 시원하게 할 기도의 음성을 찾으실 줄 믿습니다.

주님, 내가 그 중보자가 되겠습니다.
수많은 중보자의 기도로 이 땅에 서게 되었으니
나로 하여금 당신의 마음을 시원하게 할 기도자가 되게 하소서!

4월 14일 / 죽음

주님이 계시기 때문입니다

"이 사람은 나를 위해 죽을 수 있는 사람이다."

지난번 고국 체류 중 파라과이로 돌아오기 얼마 전, 출판사 대표님과 만나 출판에 관한 이야기를 나누기 위해 처음 만나는 자리에서, 전혀 알지 못하는 선교사의 원고를 받아들고 주님께 기도했을 때 주님이 대표님에게 나에 대해 이렇게 말씀해주셨다고 합니다.

당혹스럽고 부담스러웠습니다. '내가 과연, 이렇게 겁이 많은 내가, 주님을 위해 그렇게까지 할 수 있을까' 하는 생각에, '주님이 나를 너무 과대평가하시는 것이 아닌가 하는 당혹감과 죽는다는 것이 만약 순교라면 그렇게 나를 쓰시려는 것인가'라는 생각으로 인한 부담감이 마음에 가득했습니다.

그런데 대표님이 "우리는 선교사님을 전혀 알지 못하지만, 주님이 선교사님의 글을 책으로 내길 원하신다고 하셔서, 출판만 하면 몇만 권은 쉽게 팔릴 분의 글 대신 무명의 선교사의 글을 선택했다"고 말씀해주었습니다.

생각해보면, 정말 주님이 나의 생명을 받으시기 원하셨다면, 이곳이 아닌 박해와 핍박이 있는 곳에 보내셨을 텐데 이해가 되지 않는 부분이었습니다. 그러나 기도 가운데 주님이 내 마음 가운데 그 의미를 알게 하셨습니다.

"그 자리에 남아 있어 주는 것, 사명의 자리를 끝까지 떠나지 않고 살아내는 것." 주님은 그것이 내가 어떤 상황에도 주님을 위해 살아갈 것이며, 그렇게 이어진 삶의 종착점이 주님을 위해 온 생명을 드리는 것이라고 말씀하심을 느끼게 되었습니다.

그렇습니다. 돌아보면 그렇습니다. 충분히 돌아갈 만한, 아니 당연히 돌아가야 할 상황이 여러 차례 있었음에도 나는 미련하게, 바보처럼 이 땅에 남아 있었습니다.

세 번의 선교비 중단, 몇 차례의 풍토병과 일사병으로 인한 준(準)사망선고, 때때로 만나는 살해의 위협, 피눈물이 나는 모함과 음해의 시간들이 있었지만, 그것들도 내가 이 땅을 떠나게 만들 이유가 되지 못했습니다. 주님이 그것을 보시고, 아시고, 그렇게 인정해 주셨는가 봅니다.

때때로 삶의 견딜 수 없는 무게와 억압은 모든 것을 내려놓고 도피하고 싶게 만들기도 합니다. 하지만 "그대로 남아 있음, 통곡의 자리에서 떠나지 않음"이 도리어 내게 복이 되었음을, 많은 시간이 더해진 후 알게 되기도 합니다.

오늘은 오늘 하루만큼의 파도를 넘지만, 때때로 그 파도가 도무지 감당되지 않을 만큼 거대하게 다가오기도 하는 것이 사실입니다. 그러나 우리는 그 무수한 파도들을 넉넉히 넘어왔습니다. 도대체 어떻게 그 많은 파고를 다 넘었는지 실감이 나지 않더라도 우린 이미 넘었고 또 넘어갈 것입니다.

주님이 계시기 때문입니다. 다른 이유를 아무리 골똘히 생각해보아도 도저히 찾을 수 없습니다. 오직 주님이 계셨기에, 그 주님이 나와 함께 그 무수한 시간들을 같이 계셔주셨기에, 그 이유 하나 때문에 가능했습니다.

내일은 또 어떤 일들이 내게 닥칠지 알 수 없습니다. 다만 그 파도의 거칠기가 조금은 누그러들기를 원하는 것은 어쩔 수 없는 인간의 작은 소망인 것이 사실입니다.

그러나 내일도 주님이 나와 함께 계실 것입니다.

그렇기에 나는 내일 또 내일의 노래를 부를 것입니다.

주님, 당신이 나와 함께 계심이 내게 가장 큰 은혜입니다!

4월 27일 / 채우심

당신의 이름으로만 채우소서

내 마음이 바쁩니다. 몸이야 진행하는 일들이 적지 않으니 당연히 바쁘겠지만, 마음이 바쁜 것은 결코 좋은 일이 아닐 것입니다. 번잡하고 복잡한 생각들이 마음 안에서 자기주장을 해대는 것을 통제하지 못하는 위험성을 느낍니다.

내 안에는, 내 마음 안에는, 아무리 눈코 뜰 새 없이 몸이 바빠도 오직 한 가지 생각으로만, 그 완전한, 고요하고 평온한 한 이름으로만 채워지길 소망합니다.

병에 물이 가득 들어 있으면 아무리 격동하는 상황이라도 그 병 속의 물이 요동하지 않는 것처럼 내 안에 한 이름, 예수 그리스도로만 채워 그 어떤 상황과 환경에도 완전한 마음의 평강을 누리길 소망합니다.

그렇습니다. 주님. 내 안에 당신으로만, 당신의 이름으로만 채우셔서 그 어떤 무엇도 나로, 나의 마음으로 요동치지 않게 하소서!

죽을 수밖에 없는 존재

아직은 자연이 나름대로 살아있는 파라과이는 숲속이나 풀밭 아무 곳이나 자세히 바라보면 무수한 작은 생명들이 가득한 것을 볼 수 있습니다. 그 안에서 서로가 경쟁하듯 삶을 유지해가기에 때때로 분쟁하는 모습을 보게 됩니다.

종류가 다른 생명끼리 분쟁하기도 하지만, 종종 같은 종류의 것들이 서로 다투고 있는 모습을 보기도 합니다. 아마도 그 지역을 차지하기 위한 싸움일 텐데, 그 모습이 사뭇 진지하고 때로는 처절하기도 합니다.

선교센터에도 가만히 앉아 자세히 찾아보면 그런 상황을 종종 볼 수 있습니다. 아주 작은 개미로부터 커다란 양들이 서로 싸우는 모습을 말입니다. 자신들은 자신의 영토를 지키고 차지하려고 싸우는 것이겠지만, 사실 그 땅의 주인은 그들이 아닙니다. 바로 인간의 땅이기 때문입니다.

눈을 크게 뜨고 자세히 보아야만 겨우 보일 수 있을 정도의 작은 벌레들도 자신의 땅이라 여기는 곳을 지키기 위해 목숨을 거는 것을 보며, 안타까운 마음과 함께 우스운 일이라는 생각이 들기도 했습니다. 자기들은 나름대로 자신의 영토라 생각하겠지만, 그곳은 엄연히 사람이 차지한, 그래서 사람이 그들의 동의를 구하지 않고 마음대로 갈아엎기도 하고, 그 위에 무언가를 지을 수도, 심지어 파내어 연못을 만들 수도 있기 때문입니다.

우리의 눈에 보인 그 벌레들의 행위가 우스운 것처럼 마치 이 세상의 전부가 자신들의 소유인 것처럼 생각하고 행동하는 인간들을 보며 우리 주님은 어떤 마음이 드실까를 생각해보았습니다.

전 우주의 별의 수가 지구상의 모래알의 수보다 많을 것이라는 천문학자의 말을 생각하지 않더라도 이 광대한 우주를 지으신 주님의 눈에 비친 우리의 모습은 우리의 눈에 비친 벌레의 존재감보다 말할 수 없이 작을 것임이 분명합니다.

그럼에도 우리는 매일 그렇게 투쟁하며 삽니다. 그렇게 우리는 마치 영원히 살 것처럼, 마치 모든 것을 소유할 수 있을 것처럼, 그리고 그 소유가 영원할 것처럼 살아갑니다. 창세기 에노스 시대에 사람들이 주님을 찾고 예배했다고 기록하고 있음을 봅니다. '에노스'라는 이름의 뜻이 "죽을 수밖에 없는 존재"라고 하니, 우리가 반드시 올 끝마침의 시간을 얼마나 많이 망각하고 살아가는지를 반증하고 있음이라 믿습니다.

영원한 것이 없는 곳에서 영원하게 살 수 없는 존재임에도 영원한 존재에 대해 알 수 있게 된 놀라운 은혜를 받고 마침내 그 영원함으로 들어갈 수 있는 특권을 받았음을 감사합니다. 그보다 더 큰 은혜가 우리 가운데 있을 수 없음을 믿습니다. 아멘! 그렇습니다!

감출 수 없고 숨길 수 없는 것

파라과이로 돌아온 지 상당한 시간이 지났는데도 분주함을 핑계로 미뤄오다 더 이상 미룰 수 없어 덥수룩해진 머리카락을 자르러 동네 이발소에 들렀습니다. 고국에서 떠나기 전 자르고 염색까지 해서 최상의 상태였지만, 시간이 매만진 머리카락은 더 이상 봐주기 곤란한 지경을 만들어놓았기 때문입니다.

머리카락을 자르고 나니 염색한 머리에 덮여 보이지 않던 흰머리가 많이 눈에 들어오게 되었습니다. 아직 가려줄 길이의 머리카락이 있는 윗머리 부분은 그나마 잘 보이지 않지만, 더 이상 감출 것 없는 옆머리는 오롯이 그 흰 존재감을 드러냅니다.

오랜만의 조우가 낯선 그 머리칼은 사실 그게 본 모습이었습니다. 단지 그 위에 검은색을 덧입혔기에 보이지 않았을 뿐, 원래 자신의 색으로 돌아왔을 뿐입니다. 시간이 더해지며 다시 솟아오른 머리카락은 자신의 색을 보여줍니다. 그 뿌리마저 변화되지 않는다면 두피는 계속해서 검은색이 아닌 흰색 머리칼을 솟아나게 할 것입니다.

우리의 겉모습은 이렇듯 색을 칠하고 심지어 수술을 해서라도 가리고 덮고 바꾸어낼 수 있을지 모릅니다. 하지만 감출 수 없고, 덮어 숨길 수 없으며, 결코 마음대로 바꿀 수 없는 우리의 영혼은 오직 주님의 손에 있음을 고백하게 됩니다. 그래서, 오늘도 깊은 신음으로 찬양을 부르고 부릅니다.

영적인 근육

지난번 고국 방문 중 거의 매일 산에 오르다보니 군 제대 이후 사라진 줄 알았던 허벅지 근육이 그때처럼 존재를 드러냈습니다. 그러나 파라과이로 돌아온 후 산이 없는 이곳 지형을 핑계 삼아 그때만큼 다리 근육을 사용하지 않으니, 다리에 힘을 주어도 그렇게 분명하던 근육의 존재가 희미하게 겨우 느껴지는 정도가 되었습니다.

'근손실'이라 부를 만도 한데 아무렇지 않게 느껴지는 것은 불편하지 않기 때문입니다. 여기서야 산을 오를 일이 없고, 더군다나 한국처럼 길에서 마음대로 멀리 걸어다닐 수 있을 정도의 치안이 보장되지 않으니, 한국에서와 같은 다리 근육이 요구되지 않기 때문에 살아가는 데 아무런 불편함을 주지 않는 근육의 부재에 대한 아쉬움이 없는 것입니다. 하지만 언젠가 다시 산에 오를 일이 생긴다면 근육이라는 존재의 절실함을 느낄 것입니다.

우리가 종종 삶의 고난 가운데 힘에 겨워 허덕이는 것은 영적인 근육이 없기 때문입니다. 그래서 인생의 파도나 고난의 험한 산길을 오를 때 그렇게나 힘들어하는 것입니다. 삶이 평온할 때는 우리의 영적인 근육의 부재가 '불편하지 않기' 때문에, 일부러 그 영적 근육을 키우고 유지하는 일에 소홀할 수밖에 없고, 정작 영적 근육이 필요한 고난의 시기에 그 부재를 절감하는 것입니다.

다리의 근육을 키우는 방법은 간단합니다. 매일 산에 오르면 됩니다. 그렇다면 영적인 근육을 키우는 것도 그리 복잡하지 않을 것입니다. 매일 매 순간 주님을 바라보고 그분과 동행하면 될 것입니다.

그 삶이 우리 가운데 없기에 고난 앞에 그렇게 무력하고, 그런 자신에 대해 실망하고 좌절합니다. 그렇기에 우리는 매일 걸어야 합니다. 올라야 합니다. 바라보아야 합니다. 동행해야 합니다. 그렇게 해야만 나도 모르는 사이에 다져진 영적인 근육이 고난의 파도도, 인생 가운데 어둡고 험한 산길도 넉넉히 헤치고 넘어갈 수 있게 될 것입니다.

오늘도 그분, 그 주님을 바라보며 갈망합니다. 주님, 나와 함께 딛는 당신의 걸음에 맞춘 내 영혼의 다리에 모든 것을 넉넉히 이길 거룩한 근육을 붙여주옵소서.

6월 1일 / 믿음

믿음의 반대말

"나의 믿음 없는 것을 도와주소서."

겉으로 사람들에게 보이기는 믿음이 있는 것처럼, 그렇기에 지구 반대편까지 가서 삶을 드려 선교사로 사역하니 더욱 그런 것처럼 보일 수 있으나 내 안을 가장 정확하게 들여다보시는 주님 앞에는 감출 수 없기에, 그분께 드릴 수밖에 없는 적나라한 고백, "나의 믿음 없는 것을 도와주소서!"

'믿음'의 반대말은 '불신'이 아닌 '걱정'이기에 내 안에 가득한 믿음 없음을 부인할 수 없어 주님께 손을 내밉니다. 핏빛 절규로 외칩니다.

"주님, 나의 믿음 없음을, 믿음 없음을 도와주소서!"

6월 2일 / 보혈

당신의 보혈로 나를 씻으시고 덧칠하소서

사역 시작 이래 요즘 가장 많은 예배당 건축을 한꺼번에 진행하는 것 같습니다. 각 예배당 건축에 필요한 것들 중 만들 수 있는 것은 모두 만들기 때문에 오늘도 문과 창문을 만드는데 아침에 진행한 기도회 이후 하루를 온전히 사용하였습니다.

문과 창문을 만들고 가장 마지막에 하는 작업은 만들어진 것들에 기름을 칠하는 것입니다. 기름은 아마씨유를 사용하는데 기름을 칠하면 나무의 아름다운 결이 살아나고, 방수 기능을 하기 때문에 비

바람에 썩지 않는 역할을 합니다. 그리고 중요한 한 가지, 기름에 첨가한 방충제 성분이 나무를 파먹는 벌레를 방지할 수 있습니다.

수년간 바짝 말린 목재이기에 수분이 거의 없는 그 곳에 어떻게 벌레가 사는지도 신기하고, 그토록 단단한 목재를 그 작고 약한 벌레가 어떻게 파먹는지도 신기할 따름입니다. 도저히 침범할 수 없을 것 같은 단단한 목재를 파고드는 벌레들을 생각해보면, 우리의 심령에도 그런 존재의 침노함을 떠올리게 됩니다.

주님이 옆에서 눈 시퍼렇게 뜨고 있는 현장, 그 베드로의 심령에도 성큼성큼 발을 들여놓는 사탄의 대범함이, 하물며 우리 같은 사람에게 무슨 망설임이 있을까 싶습니다.

세상에 가장 단단한 것이 굳은 심령이지만, 또한 가장 무른 것이 우리의 마음일 것입니다. 시도 때도 없이 우리 안에 침범하여 온갖 난장을 피우고 다녀도 도저히 손쓸 수 없는 우리의 이 심령을 지킬 것은 오직 하나, 예수 그리스도의 보혈로 씻김을 받고, 그 피로 덧칠함을 받아, 더 이상 그 어떤 악한 것도 내 안에 발을 들여놓지 못하게 하는 것입니다.

매일의 육신의 수고는 더러워진 손발을 씻기를 요구하듯이, 매일의 전쟁 같은 영혼의 삶 또한 그리스도의 보혈로 씻어주심을 갈망합니다.

놀라우신 주님, 내 안에 당신의 보혈로 충만하셔서, 씻기시고, 옷 입히셔서, 영혼의 전장에서 매일 승리하게 하소서!

6월 6일 / 평강

당신의 평강을 내 안에 부으소서

주님, 용서에 대한 당신의 말씀을 읽는 내 눈이 뻑뻑합니다. 사실상 제한을 두지 않는 용서에 대한 당신의 허용치는, 제 감정선의 마지노선을 이미 초월하셨습니다. 평온할 때는 그냥 읽혀 넘어갔던 그 구절들이 현실이 되었을 때 이토록 내 마음을 타격할 줄 몰랐습니다. 용서를 실천할 때 겪는 마음의 힘겨움은 부당함을 당할 때보다 더하다는 것을 절실하게 느낍니다.

용서는 또 한 번 마음 생채기를 각오해야 이룰 수 있는 것이기 때문입니다. 그 깊은 심연의 할큄은 오랫동안 통증을 수반한 가슴앓이를 요구하기에 그 시도에는 적잖은 각오가 필요합니다. 그래서 그 용서의 가슴앓이에 대하여 한 말씀도 하시지 않는 주님이 야속하게 생각되기도 합니다.

그러나 주님이 굳이 그 말씀을 하시지 않아도 될 이유가 있음을 압니다. 당신이 그 아픔을, 누구보다 큰 아픔을, 우리를 통해, 바로 나를 통해 이미 겪으셨기 때문입니다. 우리를 구원하시기 위해 이미 오래전에 우리를 용서하기로 작정하셨고, 그 결정에 따른 가장 아픈 대가를 치르셨습니다. 우리는 주님의 그 아픔과는 비교할 수조차 없는 작은 것들로 견디기 힘들어하지만, 주님은 그런 우리를 어리다고 훈계하지 않으십니다.

그래도 주님,
지금 그것을 견뎌내는 내 마음이 버겁습니다.
당신의 위로, 당신의 평강을 내 안에 부으소서.
충만히 부으소서.

6월 11일 / 예수

완전한 대변자

오늘 아침, 법원에 다녀왔습니다. 평소 언어에 어려움 없고, 설교와 통역에 불편함을 겪지 않았기에, 부담감을 전혀 가지지 않았는데 법원에서 사용하는 단어들의 생경함은 순간 긴장하게 만들었습니다.

다행히 변호사를 대동하였기에 큰 어려움을 겪지 않았습니다. 평소에 변호사와 이야기하다보면 이 사람이 변호사가 맞나 싶을 때가 많았는데, 오늘 법원에 가보니 '이 사람이 변호사가 확실히 맞구나' 하는 생각이 들었습니다. 처음 생각대로 나 혼자 갔으면 어쩔 뻔했나

하는 생각이 들 정도로 그와 같이 간 것이 정말 잘한 일이라고 느껴졌습니다.

누군가가 나를 대신하여 나의 억울함을 대변해주고 방어해준다는 것은 놀랍도록 안심이 되는 일임이 분명합니다. 정신을 차릴 수 없을 정도로 급박하고 아득한 상황 가운데 나를 대신하여 그 상황을 해결해 나가는 이가 있다는 것은 엄청난 축복입니다.

우리에게는 그 대변자, 우리의 완전한 변호인이 계십니다. 오직 한 분, 예수 그리스도이십니다. 그분은 우리 삶의 마지막 날 심판의 보좌 앞에서 정신 못 차릴 정도로 참소하는 사탄의 고발 앞에 당당하게 우리를 대신하여 변호해주실 것입니다.

그분이 계시지 않는다면, 그분의 보혈의 피를 믿는 그 믿음으로 인정된 우리의 자녀 된 권세를 변호해주시지 않는다면, 우리의 부끄러운 수많은 죄가 고개를 들지 못하게 하고, 수치스러운 우리의 영혼의 얼굴을 한없이 떨구게 할 것입니다. 그러나 그분이 계시기에, 그분이 우리를 변호해주실 것이기에, 그것을 우리가 분명히 알고 믿기에 우리는 그날을 넘길 수 있을 것입니다.

그분, 예수 그리스도, 그분으로 인하여 우리의 매일의 삶은 분명한 소망의 항해를 해나갈 수 있음을 고백합니다. 아멘! 그렇습니다. 한 분 예수 그리스도, 당신만의 나의 유일한 소망이십니다!

유일한 길 되신 분, 예수 그리스도

신학교 식자재를 구매하기 위해 아침 일찍 브라질에 넘어갔다가 돌아오는 길에 국경을 막고 시위하는 이들로 인해 발이 묶였습니다. 3시간을 꼼짝도 하지 않다가 나중에 겨우겨우 몇 분간 길을 열어주고 다시 오랫동안 막고 다시 열어주고를 반복하다보니 걸어서 20분이면 갈 거리를 다섯 시간 가까이 걸려서 겨우 통과할 수 있었습니다.

처음 한두 시간은 여유롭게 기다릴 수 있었는데, 세 시간이 넘어가니 슬슬 인내의 한계를 경험하게 되어 마음에 화가 일어나는 것을 느끼게 되었습니다. 더군다나 차에 기름이 넉넉하지 않고, 가다 서다를 반복하는 길이라 시동을 켜고 끄고 할 수 없어서 시동을 켜지도 못한 채 내리막길에서 탄력 주행을 하기도 했습니다.

무엇보다 견디기 힘든 것은 낡은 대형 트럭들이 바로 옆에서 뿜어내는 매연을 고스란히 맡아야 해서 두통은 물론 나중에는 구토가 나올 것 같은 지경이 되기도 했습니다. 그래도 감사한 것은 한여름이 아니라서 낮 기온이 크게 오르지 않아 견딜 수 있었습니다.

길이 잠시 열릴 때 차들이 기다렸다는 듯이 쏜살같이 나가는데 줄이 여러 갈래이다보니, 눈치껏 빨리 빠질 줄에 잘 서는 것이 중요해 보였습니다. 그래서 눈치껏 이 줄이 잘 빠지겠다 싶은 줄에 서면 웬걸 영락없이 그 줄이 오히려 더 막히는 것을 수차례 경험하게 되었습니다. 그렇게 밀리고 밀려 마지막 파라과이 국경 앞에서는 심지어 바로 앞 차까지 보내주고 내 차부터 저지당하기도 했습니다.

그렇게 또 하염없이 기다리며 한 가지 생각을 하게 되었습니다. '아무리 내 생각에 이 길이 빠르고 나을 것 같아 선택한다고 해서 그게 꼭 맞는 것은 아니구나.' 삶의 수많은 결정의 갈림길에서 우리는 나름대로 지혜와 경륜을 최대한 사용해 좋은 길을 선택하지만 그 길이 오히려 더 더디고 험한 길인 경우가 얼마나 많은지 모릅니다.

이유는 한 가지, 우리는 우리의 '다음'을 알지 못하기 때문입니다. 이천 년 전, 청년 목수 예수는 갈 바를 알지 못하는 수많은 사람들 앞에서 당당히 "나는 길이요 진리요 생명이다"라고 외치셨습니다. 인생 가운데 어느 누가 그런 외침을 할 수 있겠습니까? 단 한 사람도 그렇게 외칠 자격도, 능력도 있을 수 없습니다. 왜냐하면 우리는 우리의 '다음'을 알지 못하기 때문입니다.

그러나 오직 한 분 예수 그리스도만 그 길을 아시고, 그 길을 친히 먼저 걸으셨고, 그 길에서 앞서 우리를 인도하시기에 우리는 그분을 따라 그분과 동행할 수 있을 것입니다. 베드로는 그런 예수님을 이렇게 소개합니다.

"이를 위하여 너희가 부르심을 받았으니 그리스도도 너희를 위하여 고난을 받으사 너희에게 본을 끼쳐 그 자취를 따라오게 하려 하셨느니라"(벧전 2:21).

마음이 상한 자를 고치시는 분은 오직 한 분

지난번 사고 난 차량을 수리하기 위한 부품을 구하러 많은 곳을 다니게 됩니다. 파라과이에서 구하려면 가격이 비싸서 옆 나라 브라질에 가서 구하고 있습니다. 아르헨티나에서 구하면 더 저렴하긴 해도 국경이 막혀 쪽배로 강을 넘어 밀입국해야 하니 그럴 수 없는 상황입니다.

여러 곳을 다니며 몇 가지나 구할 수 있음이 다행이고 감사한 일입니다. 라디에이터 전체와 에어컨 전체 부품을 구했고 헤드라이트도 구할 수 있었습니다. 전면부 전체 프레임이 완전히 찌그러져서 그것도 폐차장에서 잘라 와 구했습니다.

보닛도 구해야 하는데, 아직 찾지 못해 백방으로 알아보고 있는 상황입니다. 파라과이에서는 웬만한 것은 고쳐서 사용합니다. 심지어 이런 것까지 고치고 재활용 할 수 있나 싶은 것까지 그렇게 하는데, 파라과이에서 도저히 다시 쓸 수 없다고 판단되는 보닛을 보니 이번 사고가 작지 않았다는 생각과 함께 그럼에도 크게 다치지 않고 무사한 것에 감사할 수밖에 없었습니다.

문제는 측면 프레임이 다 밀려서 엔진을 비롯한 내부 전부를 들어내고 작업해야 하는 상황이라 언제쯤 끝날지 모른다는 것입니다. 자동차는 한 번 사고가 나면 누군가 수리를 하든지, 부품 교체를 하든지 하는 과정이 없으면 스스로 회복할 수 없는 물체입니다. 그러나 우리의 육신은 어지간한 상처는 스스로 치유하고 회복하는 능력이 있습니다.

그 차이의 이유는 단 한 가지, 우리 안에 '생명'이 있기 때문입니다. 창조자께서 우리를 지으실 때 우리 안에 생명을 불어넣으셨기에 그 생명은 우리 육신의 회복의 모든 가능성을 열어주게 되었습니다. 그럼에도 단 하나 우리 스스로 어쩔 수 없는 것이 있음을 봅니다.

바로 우리 영혼의 회복입니다.

내가 내 마음대로 할 수 없는 그것,

시간이 지나면 스스로 치유되지 않는 것은 바로 상한 마음입니다.

혹자는 시간이 다 해결해준다지만, 그건 단지 기억의 중심에서 잠시 자리를 이동한 것일 뿐 완전한 치유는 스스로 이루어내지 못함을 봅니다. 아무리 스스로 치유하려 해도, 잊어보려 해도, 내 능력 안에서는 그 어떤 가능성도 찾을 수 없음을 고백합니다.

사람들은 스스로 해보려 발버둥을 치고, 사람을 통해, 약물을 통해, 심지어 옳지 못한 방법들을 통해 이뤄내려 하지만 잠시의 망각이 주는 해방감과 그 이후로 더 심하게 밀려오는 좌절감을 몸서리치게 경험해야 함을 봅니다.

마음이 상한 자를 고치시는 분은 오직 한 분, 예수 그리스도밖에 없음을 고백합니다. 스스로 해결하려 발버둥쳤던 시간들의 수고를 이제는 내려놓습니다. 삶의 모든 걱정과 염려를 품지 않고, 오직 어미의 품에서 만족하는 어린아이처럼 주님 안에 내 삶을 포개놓습니다. 능하신 주님, 당신만이 온전한 치유자 되심을 믿습니다!

6월 21일 / 신뢰

신뢰는 두려움이 설 자리를 허락하지 않습니다

며칠 동안 내린 비와 어젯밤 내린 비로 길이 진창이 되어 아침에 먼 곳에 있는 성도들을 픽업하러 오가는 길이 쉽지 않았습니다. 흙에 돌이 전혀 없는 황톳길은 비가 오면 완전한 펄처럼 변해 사륜구동이 아닌 승합차를 운전해서 가면 온 신경을 집중해야 합니다. 차가 뱅글뱅글 돌기 때문에 자칫 한눈을 팔면 빠져나올 수 없는 도로 옆 도랑에 빠지기 때문입니다.

오고 가는 내내 온 신경을 집중해서 운전하지만, 정작 안에 탄 사람들은 공짜로 놀이기구에 탄 듯 오히려 신이 나는 것 같습니다. 무서워한다고 해서 달라질 것이 없기 때문인지, 아니면 운전자를 믿어서인지 알 수 없지만 아무래도 후자라고 믿고 싶어졌습니다. 이런 길을 한두 번 다닌 것도 아니고, 운전하는 내가 비록 차가 뱅글뱅글 돌며 가도, 그동안 아무 사고 없이 자신들을 무사히 싣고 다녔음을 수 없이 경험했기 때문일 것입니다.

신뢰는 두려움이 설 자리를 허락하지 않습니다. 이는 단순히 운전자에 대한 신뢰뿐만 아니라 우리의 삶의 진정한 인도자 되시는 주님에 대한 우리의 믿음에서도 동일하게 적용될 것입니다. 우리는 우리가 우리의 인생을 좌지우지한다고 생각하지만, 돌아보면 그것만큼 어리석은 생각이 없음을 고백하게 됩니다.

왜냐하면 우리의 인생의 항로가 진창길을 겨우겨우 지나온 자동차 바퀴 자국처럼 이리저리 흔들려 왔기 때문입니다. 차 안의 승객들이 아무리 몸을 비틀고 손발을 휘저어도, 차는 오직 운전자의 손끝의 작은 힘의 움직임을 따라가듯이 우리의 삶의 여정은 우리의 몸부림이 아니라 주인 되시는 주님의 뜻하심이 이끌어 가십니다.

승객들은 온전히 운전자에게 자신을 맡기고 그 안에서 서로 웃고, 이야기하고, 흔들리는 차체를 따라 움직이는 몸짓을 즐거워하는 것이 그의 몫인 것처럼 우리의 삶을 이끌어 가시는 주님의 인도하심을 기뻐하고 감사하고 온전히 신뢰하면 이 땅에서의 우리 삶의 의무를 다하는 것이라 믿습니다.

시작되는 하루를 그렇게 살기 원합니다. 시작되는 한 주간을, 이 달을, 올해를, 내 삶의 전체를 그렇게 살기 원합니다. 그것은 오직 하나, 선하신 주님이 결코 우리를 멸망의 고랑으로 빠뜨리지 않을 것을 확신하기 때문입니다.

중심을 꿰뚫고 깨뜨리시는 이유

아침 일찍 브라질에 넘어가 신학교에서 쓸 식재료와 집에서 사용할 야채 등을 사서 곧바로 파라과이로 넘어왔습니다. 얼마 전 국경에서 시위하는 바람에 5시간을 고생한 경험 때문에 가능한 한 빨리 필요한 것만 사서 넘어오게 되었습니다.

집사람이 다쳐 운신할 수 없어 모든 식사를 준비해야 하다보니 매번 무엇을 먹을까가 은근한 고민거리가 되어 필요하다 싶은 야채들을 넉넉하게 담아왔습니다.

최근에는 브라질에서 생산되는 브라질너트를 한 움큼씩 사 와서 먹는데 마침 다 떨어져서 오늘도 한 움큼을 사왔습니다. 한국에서는 이미 다 껍질이 벗겨진 것들을 판매하는데 여기서는 껍질째 판매하기 때문에 집으로 가져와서 망치로 깨서 먹고는 합니다.

껍질을 벗길 때는 망치로 깨야 할 만큼 단단해서 먹기가 쉽지 않은데, 문제는 가끔 그 안의 알맹이가 상한 것도 있다는 것입니다. 그래서 사기 위해 고를 때 온갖 방법을 생각해서 나름 열심히 고르고 골라 담게 됩니다.

다른 것보다 가볍게 느껴지는 것이나 색이 칙칙한 것은 제외하고, 나름 실한 것이라 생각되는 것을 골라도 집에 와서 깨보면 어떤 것은 예상했던 것보다 훨씬 좋은 것이 있는가 하면, 어떤 것은 좋겠다

싶어 골랐음에도 그 안에 있는 내용물이 상한 것도 있음을 보게 됩니다.

겉으로 보이는 것으로 내린 판단이 다 맞지는 않는 것입니다. 우리는 사람과 상황을 마주할 때 본능적으로 보여지는 것으로 판단하려는 아주 몹쓸 유전자를 디폴트값으로 탑재하고 있습니다.

겉으로 보여지는 것보다 중요한 것은 그 안에 있다는 말을 수도 없이 들어왔고, 심지어 우리의 입으로 말하면서도, 순간적으로 마주하는 상황과 사람들 가운데 우리의 행동은 그 본능을 따라갑니다. 그렇기에 더욱더 우리는 사람의 이목과 판단에 평가됨이 두려워, 속을 감추고, 겉으로 보여짐을 더욱 꾸미어 갑니다.

보암직하게, 그럴듯하게, 흠과 티가 없이 말쑥하게 차려내지만, 정작 상해 가는 우리의 속사람을 우리 스스로 외면합니다. 그렇기에 때때로 그런 나 자신에 대한 나의 실망감으로 괴로워하기도 하고, 나아가서는 합리화하고, 심지어 무감각해져버리기까지 합니다.

그러나 그런 우리를 주님은 가장 정직하게 꿰뚫어 보십니다. 망치로 두들겨 맞아 깨어진 껍데기를 벗어버리고 드러난 너트의 속살처럼 성령의 검은 우리의 위선의 가면을 쪼개버리고 상한 심령을 밝히 드러냅니다. 그것은 우리에게 창피를 주기 위해서, 우리를 부끄럽게 만들어 정죄하기 위해서가 아님을 알게 하신 주님을 찬양합니다. 상한 심령을 고치시기 위해 우리의 약한 부분, 썩어가는 부분을 드러내 치유하시기 위함임을 가르쳐주신 주님을 찬양합니다.

부활하신 주님을 이미 두 번이나 만났음에도 여전히 두려움 가운데 사로잡혀 도망하여 도착한 디베랴 바닷가에서 밤새 고기를 잡으려 몸부림쳤으나 단 한 마리도 잡지 못해 절망하던 베드로를 첫새벽에 찾아온 주님이 온몸이 물에 젖어 초라한 몰골로 뭍에 올라온 베드로 앞에 불을 피워놓고 주님을 부인하던 베드로의 기억의 현장을 재현해놓으신 것은 베드로를 책망하고 정죄하기 위함이 아니라 그 현장, 자신이 무너졌던 그 현장으로 다시 돌아가 주님을 부인하던 입으로 주님을 사랑한다고 고백하게 하여 회복시키시려는 뜻임을 믿습니다.

베드로의 심령 대수술의 현장에서 베드로라 부르지 않고 요한의 아들 시몬이라고 부르시며 다시 처음부터 시작하게 하시는 회복의 주님이 나에게도, 내 삶의 현장에도, 내가 무너지고 절망하는 그 자리 자리마다 찾아오셔서, 다시 또다시 회복하게 하시는 은혜를 베풀어주심을 믿습니다.

결코 완전할 수 없는, '나'라는 한 인간의 삶에 대한 나의 실망으로 좌절하는 그 시간에 나는 오히려 그런 나를 보시는 주님의 눈을 바라보겠습니다. 모든 순간에도 결코 나를 포기하지 않으시는 그분에 대한 '신뢰'가 그럴 자격도, 염치도 없는, 나의 유일한 거룩한 핑계요, 이유입니다.

인생의 상강의 시기에

엊그제 그리고 어제에 이어 오늘도 아침 기온이 많이 떨어져 아침 일찍 아이를 학교에 데려다주는 길에 파라과이에서 매우 보기 드문 서리를 보게 되었습니다. 그런데 아이를 학교에 데려다주고 돌아오는 30분 사이에 서리가 드문드문 보이게 되었습니다.

그새 떠오른 태양 빛에 녹아버렸기 때문입니다. 서리가 내릴 때는 장소 가리지 않고 내렸겠지만, 내리고 난 후에 떠오른 태양 빛이 닿는 곳은 금세 그 자취를 거두어버린 것입니다. 그 찰나의 시간에 별다른 기온 차도 나지 않았을 텐데 순간적으로 녹아 사라지는 것이 신기하게 여겨졌습니다. 어느 곳은 나무 그늘에만 남아 있어 마치 나무의 실루엣이 땅에 희게 그려지는 곳도 있었으니 말입니다.

서리가 모든 곳에 내리듯, 모든 인생 가운데 예외 없이 된서리 같은 시절이 있음을 생각해봅니다. 어느 사람은 인내심이 탁월해서 큰 고난에도 대수롭지 않게 지내는 사람이 있는가 하면, 어떤 이는 엄살이 심해서인지 작은 고난에도 세상이 끝난 것처럼 절망하는 사람이 있습니다. 고난을 지내는 차이가 있을 뿐 누구에게나 인생의 서릿발이 있습니다.

신앙생활을 하며, 선교사로 살아가며 느끼는 것은 아마도 이 삶이 보통의 삶보다는 아주 약간 더 서리가 내리는 것 같습니다. 그러나 서리는 떠오른 태양이 내리쬔 그 빛에 순식간에 녹듯, 우리의 인생의 서릿발도 주님의 은혜의 빛에는 순식간에 녹아내리는 것을 믿습니다.

태양에서 지구까지 도달하는 에너지는 그 태양이 뿜어내는 에너지의 겨우 22억분의 1밖에 되지 않는다고 하지만 그 작은 양으로도 지구의 모든 생명이 살아갈 에너지를 얻기에 충분합니다. 또한 지구에서 태양까지의 거리는 시속 100킬로로 쉬지 않고 달리는 자동차로 170년을 가야 도착할 수 있을 만큼 멀리 있다고 합니다.

그렇다면 그 태양을 지으신 이가 우리에게 주실 영적 에너지는 비교할 수도 없을 것이며, 그 멀리 있는 태양이 아닌 바로 우리 곁에서 동행하시는 주님이 우리에게 주시는 생명의 힘은 비교할 수조차 없을 것입니다.

그럼에도 우리는 그 주님을 바라보지 못해서 비교할 수 없는 큰 생명의 근원을 발견하지 못하고 시시로 때때로 염려와 절망 가운데 귀한 시간을 허비해버립니다. 고개를 숙인 해바라기는 작열하는 태양 빛을 받지 못해 생명의 씨앗을 영글게 하지 못하기에 그 넓은 해바라기밭에서 모두가 동일하게 고개를 들어 태양을 바라보는 장관을 연출합니다. 내 인생 가운데 매 순간, 간절히 바라고 원하는 한 가지는 나도 매 순간 내 눈을 들어 그 주님을, 그 생명의 근원을 바라보기 원하는 것입니다.

누구에게나 인생의 상강(霜降)의 시기가 있습니다. 그러나 우리에게는 내리는 서리의 많고 적음이 중요하지 않습니다. 서리 따위는 단 숨에 녹여버릴, 늘 쉬지 않고 내리쬐는 태양 같은 주님의 성령의 빛이 있음을, 그렇기에 모든 인생의 서리 가운데도 단 한순간도 쉬지 않고 그 빛이 내게 비춰임을 믿고, 그 빛 되신 주님을 바라봄이 더욱 중요합니다.

나는 그것을 믿기에
나는 오늘도 주님을 바라봅니다.
빛 되신 주님, 내 영혼에 당신의 빛이 충만케 임하소서!

7월 2일 / 신뢰
─────────────────────────────

완전한 신뢰, 온전한 맡김

아침 일찍 아이를 학교에 데려다주고 돌아와 곧바로 2시간 떨어진 원주민 마을에 다녀왔습니다. 다섯 곳의 원주민들 400여 명을 만나 그들에게 담요를 전달하고 함께 기도하고 돌아왔습니다. 파라과이 원주민은 보기 전까진 상상할 수 없을 정도로 열악한 환경 가운데 살아갑니다. 도저히 집이라 부를 수 없는 곳에서 지내며 미래에 대한 그 어떤 기대나 상상도 하지 못한 채 그저 살아가고 있습니다. 무얼 주어도 감사의 말이 그 입에서 나오는 경우가 극히 드물며, 무엇보다 생기가 전혀 없는 그 눈빛들은 보는 이의 가슴을 미어지게 합니다.

그럼에도 아이들은 생기가 충만합니다. 웃고, 달리고, 마음껏 자신의 감정을 표현합니다. 다만 저 아이들이 소망의 메시지를 전혀 알지 못해 생기를 다 잃어버린 그들의 어른들과 같이 되기 전에 참 소망의 말씀이 그 마음에 심어져 조상 대대로 눌려온 절망의 굴레를 끊어버리길 간절히 소망하게 됩니다.

어느 원주민 집 근처에서 한 무리의 병아리 떼를 보게 되었습니다. 태어난 지 불과 며칠이나 되었을지 작디작은 11마리의 무리들이 땅바닥에서 무언가를 열심히 쪼아대고 있었습니다. 가까이 가도 무서워하지 않고, 자신들이 하던 것을 쉬지 않고 열심히 계속함을 보게 됩니다. 본능적으로 거대한 물체가 오면 피할 텐데, 그렇지 않은 것이 땅바닥에 떨어진 먹이 때문인 줄 알았습니다.

그러나 더 가까이 가서 보니 땅바닥에 떨어진 먹이는 거의 없는 것이나 마찬가지일 정도로 찾아보기 어려웠습니다. 그렇다면 이유는 한 가지만 남았습니다. 바로 어미가 그들과 함께 있기 때문일 것입니다. 어미가 자신들과 함께 있고, 어미의 품으로 언제든 달려가 숨을 수 있고, 어미가 자신들을 완전하게 보호할 거라는 완전한 신뢰가 있기 때문일 것입니다.

자신들에게 다가오는 물체의 힘이 자신들의 어미보다 세냐 약하냐가 중요한 것이 아니라 자신들의 어미에 대한 완전한 신뢰가 그들에게 더 중요하게 생각되기 때문에 마음을 놓고 다가오는 물체에 연연하지 않은 것입니다.

저 태어난 지 며칠도 되지 않은 작은 병아리도 아는 것을 우리는 종종 잊고 살아갑니다. 어미 닭과는 비교할 수도 없는, 온전한, 완전한, 전능하신 우리 아버지가 우리 곁에 있음에도 우리는 종종 문제 가운데 염려하고 낙심합니다.

염려와 낙심은 믿지 않기에, 신뢰하지 않기에 필연적으로 내게 나타나는 영적 두드러기일 것입니다. 그렇기에 나는 오늘도 저 어린 병아리와 같은 완전한 신뢰, 온전한 맡김을 주님께 올려드립니다.

7월 7일 / 은혜
이 안개는 곧 걷힐 것입니다

이번 주 토요일과 신학교에서 필요한 식자재들이 있어 아침 일찍 국경을 넘어 브라질에 다녀왔습니다. 파라과이에서 브라질을 가기 위해서는 강을 건너야 하는데 그 중간이 국경인 제법 긴 다리를 건너야 합니다. 그 다리는 높이가 상당해서 만약 걸어서 건너다 위에서 아래를 내려다보면 흐르는 강이 아찔하게 보일 정도입니다.

그런데 오늘은 상당한 안개가 깔려서 마치 처음 온 사람이라면 그곳에 큰 강이 있는지, 다리가 그렇게 높은지 모르고 단지 넓은 평지만 있다는 생각이 들 정도였습니다.

그런 생각을 가지고 지나가다가 돌아오는 길에 보니 안개가 언제 있었나 싶을 정도로 깔끔하게 사라져버린 것을 보게 되었습니다. 불과 1시간도 되지 않는 그 짧은 시간에 엄청나게 넓게 깔린 안개가 다 사라진 것이 신기할 정도였습니다. 춥고 어두운 새벽 가운데 피어오르고 쌓인 안개는 찬란한 아침 햇살에 다 녹아내린 것만 같았습니다.

오리무중(五里霧中), 짙은 안개에 둘러싸여 도무지 알 수 없는 상황을 말하는 이 단어가 마치 코로나 시국의 한복판에 있는 우리 같다는 생각이 들기도 합니다. 언제 끝날지, 어떻게 끝날지 도무지 알 수 없는 이 상황에 적잖이 우리는 당황해왔고, 여전히 걱정은 끝나지 않고 계속되고 있기도 합니다.

그러나 안개는 아침 햇살에 곧 녹아버리듯 주님은 분명 우리에게 닥친 이 팬데믹의 상황을 다 지나게 하실 것입니다. 지금의 상황보다 더 중요한 것은 풍랑을 지나는 우리의 태도일 것입니다. 먼 훗날 우리는 돌아볼 것입니다. 그리고 주님은 우리에게 물으실 것입니다. 그때 너는 무슨 생각을 했냐고, 그때 너는 무슨 말을 했고, 어떤 행동을 했냐고, 그리고 그때 나와 어땠었냐고.

인생의 안개로 인해 답답한 이 시기가, 팬데믹으로 인해 묶여버리고 막힌 이 상황이 마치 자욱한 안개같이 우리에게 절망과 걱정을 줄지라도 안개는 곧 걷힐 것입니다. 찬란한 태양에 곧 다 녹아내릴 것입니다.

그날은 말할 수 없이 맑고 화창한 날이 됩니다.

그렇기에 나는 오늘 하루 은혜의 분량으로
오늘을 살아내겠습니다.
어제의 은혜를 오늘 추억하며 버티진 않겠습니다.
오늘의 은혜를 쌓아두고 내일을 준비하지 않겠습니다.
매일매일 새롭게 부어주시는 은혜에 흡족하겠습니다.
그것은 오늘의 은혜가, 하루의 은혜가 너무 척박하고
부족해서가 아니라 내일 주실 은혜가 더욱 충만하기 때문입니다.

좋으신 하나님, 오늘의 은혜가 내게 족합니다. 충만합니다. 감사
합니다. 당신을 향해 더욱 내 눈을 맞추고, 당신의 발자국에 내 삶의
발자국을 얹으며 살아가게 하소서.

7월 29일 / 성장

예수님의 이름만이 내 안에서 맺히길 갈망합니다

어제부터 기온이 많이 떨어져 오늘 아침 해뜨기 전 운전하며 가는 차
의 계기판의 온도계에 얼음 표시가 되어 있는 것을 보게 되었습니다.
섭씨가 아닌 화씨로 기록되어 있어 평소에 관심을 가지고 보던 부분

이 아니었기에 온도계 표시에 얼음 표시가 있는 것도 몰랐습니다.

그럴 수밖에 없는 것이 파라과이에서 이렇게 기온이 낮게 내려가는 것이 극히 드문 일이기 때문에 그런 표시가 내장되어 있었는지 알기는 쉽지 않았을 것입니다. 가지고 있었으나 평소에 드러나지 않아 마치 그런 것이 없는 것처럼 느껴지는 것들이 있음을 생각하게 됩니다.

파라과이에서 브라질로 넘어가기 위해서는 반드시 다리를 건너야 하는데 그 다리 아래에는 파라나 강이라는 큰 강이 지나고 있습니다. 그리고 그 강에는 제법 근사하게 생긴 작은 섬이 있어 그 다리를 지나갈 때마다 그 섬을 보게 됩니다. 사람이 살지 않는 작은 섬이지만, 섬 하부에는 작지만 모래사장도 존재하고 한 번쯤 가보고 싶다는 생각이 들게 하는 곳입니다.

그런데 요즈음 강 수위가 예전에 비해 매우 낮아져서 전에 본 적 없던 그 섬의 아랫부분을 볼 수 있게 되었습니다. 평소에는 물에 잠겨 있던 부분인데, 모래사장 아랫부분에 제법 경사가 있는 절벽이 있음을 보게 되었습니다.

전에 물에 잠긴 그 부분이 모래사장의 연장선 정도일 거로 생각했던 것이 참 큰 착각이었음을 알게 된 것입니다. 그럴 일은 없겠지만, 만약 그 섬에 갈 수 있고 모래사장이 물속에도 계속 이어질 것으로 생각하고 모래사장을 계속 걸었다면 영락없이 그 깊은 곳에 빠질 수밖에 없었을 것입니다. 보이지 않아서 마치 그런 것이 없는 것처럼 생각했었으나, 드러나지 않았기에 몰랐었을 뿐 이미 존재하는 것이라는 생각이 들게 되었습니다.

내 안을 들여다봅니다. 내 안에 것 중에 사람들에게 드러나지 않아 사람들이 몰랐으나, 실상은 감춰진 것들이 얼마나 많은지를 생각해봅니다. 차마 공개할 수 없는, 드러나는 순간 모두가 실망할 죄의 본성들이 얼마나 존재하는가를 생각해봅니다.

날마다 더해지는 내 안의 갈망은 내 안에 그런 것들이 이미 예수의 이름으로 사망했음이 선포되고, 오직 한 분 예수 그리스도만 충만해지는 것입니다. 여전히 고개를 드는 죄의 싹은 매 순간 그리스도의 이름으로 쳐서 잘라내고, 그리스도의 보혈로 그 자리를 씻어내어 더 이상 더러움이 그 자리를 침노하지 못하게 정결케 하며, 성령의 씨앗만이 내 마음의 정원에 뿌려져, 감추어도 드러내도 오직 한 분 예수님의 이름만이 내 안에서 맺히길 갈망합니다.

하루의 길이가 점점 짧게 느껴지는 것은 나이와 비례함이라 생각됩니다. 몸은 나이가 들어갈수록 쇠잔해지나, 매일매일 내 안에 그리스도의 충만함이 더욱 자라남을 느낌은 내 영혼의 성장이라 믿습니다. 놀라우신 주님, 내 안에 날로 더욱 충만하시어 나를 날로 성장하게 하소서!

part 3

동행 본능

분명한 기준

선교사로 그리고 목사로 살아오면서 많은 일들을 계획하고 실행할 때 모든 것이 주님의 뜻이라고 생각하며 살아왔습니다. 그래서 그 일이 잘되어지면 주님이 도우셨던 것으로 생각하여 기분이 좋아졌다가, 반대로 잘 되지 않으면 주님이 나를 제대로 도우지 않으셔서 그랬다고 언짢아하며 주님을 원망하기도 했습니다.

계획하고 실행하는 단계에서 그 모든 것이 주님의 뜻이라 생각했지만, 돌아보면 그렇지 않았던 때도 적지 않았음을 보게 됩니다. 다른 이들에게는 보여지지 않게 감출 수 있다 하겠지만, 숨길 수 없는 내 안의 그것들이 정확한 눈으로 보여질 때 나는 절망합니다.

부끄럽게도 지나고 나서 돌아보면 우리는 우리의 생각이나 심지어 욕심에 무엄하게도 주님의 이름을 가져다 함부로 사용할 때가 너무나 많습니다. 거창하게 주님의 뜻이라고 포장을 씌우지만, 그 안에는 그 어디에도 주님의 뜻을 간곡하게 여쭈어본 무릎 자국이 있지 않습니다.

그런 계획과 실행이 잘 되었다면, 잘 된다면 그것이 가장 큰 문제일 것이기에 주님은 당연히 그것에 침묵하십니다. 그 순간에 우리는 주님께 떼를 쓰고 몸부림을 치지만 사실 그럴 것이 아니라 그 요청의 참 이유와 목적을 분명히 점검해 보아야 합니다.

기준은 간단합니다. 우리의 계획과 실행이 진정한 주님의 뜻인지를 알 수 있는 그 기준은 '그 일로 기도가 지속되는가'일 것입니다. 그 일이 이루어지는 과정에서, 그 일이 다 이루어지고 나서도 그 일로 인해 주님께 기도가 지속된다면 그것이 주님의 뜻이었음에 대한 분명한 증거일 것입니다.

그것이 아니라 주님께 내 마음대로 선포해 놓고 "주님은 잘 도와주시기만 하면 됩니다"라고 통보한 후, 자기 마음대로 진행해 나가다 잘 되면 자기 영광으로, 안 되면 주님께 원망으로 귀결되는 것은 이 모든 것 안에 주님의 마음을 구한 기도가 지속되지 않았기에 주님의 뜻이 아니었음이 밝히 드러날 것입니다.

수년 전 센터 땅 중 3만 평에 나무를 심었던 적이 있었습니다. 잘 키운 만 그루의 나무로 수많은 예배당을 세울 계획을 세우고 잘 자라나는 것을 볼 때 나는 그것이 주님의 뜻이라고 믿어 의심치 않았습니다.

하지만 두 번의 화재로 전소하고 나서, 그 후 과정에서 겪은 여러 어려운 상황을 지나며 나는 내가 그 일을 주님께 묻고 진행한 것이 아님을 보게 되었습니다.

난 내 마음대로 계획하고 그저 주님께 통보만 한 것이었습니다. 주님은 당신이 당신의 마음을 사람이나 교회 가운데 부어주어 그 마음에 순종한 자에게 내릴 예비된 복이 있었는데 난 그걸 중간에서 강탈한 것이었습니다.

오늘 하루 깊은 묵상의 시간을 가지며 나를 돌아봅니다.

나는 내가 원하는 내 생각대로 주님을 끌고 가는가?

아니면 온전히 그분의 인도하심에 동행하는가?

그 모든 것 안에 지속적인 기도로 인도하심을 받고 있는가?

8월 15일 / 고백

주님, 그리하소서

주님,

거칠어진 두 손에 쥔 마른 빵 한 조각에도 감사하게 하소서.

주님,

가슴을 뜯으며 눈물을 삼키는 깊은 밤에도

함께 우시는 당신의 실존을 마주하게 하소서.

주님,

먼 땅, 외진 곳에서 잊혀진 채 살아가는 삶에도

매 순간 찾아오시는 당신이 두드리는 내 마음의 문에

귀를 기울이게 하소서.

주님,

"당신이면 족합니다. 당신만으로 만족합니다"라는 고백이

사람의 귀가 아닌 당신의 심장에 들리게 하소서.

그렇습니다. 주님.

그렇습니다. 주님.

8월 26일 / 감사

나는 오늘도 내 안에 계신 그 주님을 느낍니다

풍토병으로 인해 약해진 손목관절을 가늠하지 않은 채 미련하게 사용하다 보니까 가끔은 오랜 기간 몰려오는 통증을 견디기 어려워 파스를 붙이고 붕대로 강하게 동여매야 하는 때가 있습니다. 엊그제는 종일 운전하면서도 그다지 통증을 느끼지 못해 이젠 괜찮아졌나보다 하고 어제 아침에 나갔다가 집으로 돌아오기 전까지 얼마나 후회한 지 몰랐습니다.

눈물을 찔끔거리며 돌아와 오자마자 붕대로 조여 맸더니 그나마 견딜 만해서 붕대와 파스의 존재에 대한 고마움을 얼마나 느꼈는지 모릅니다.

오늘도 열심히 감고 다녔더니 피가 안 통해서 그런지 손이 제법 부

어올라 마치 아기 손처럼 귀여운 모습이 되어 한참을 보고 웃었습니다. 어릴 때부터 몸이 약했던 터라 대부분의 시간 동안 몸의 어딘가에서 통증을 느끼며 살아왔습니다. 그게 당연한 것처럼 느껴져서 아주 가끔 아무런 통증을 느끼지 못한 평안함에 어리둥절할 때도 있습니다.

통증을 통해 그 부위의 존재를 인식합니다. 만약 배가 아프지 않으면 우리의 위의 존재를, 장의 존재를 느끼며 살지 못합니다. 어딘가 아픈 부분이 있으면 그렇지 않을 때 전혀 느끼지 못한 그 부분의 존재를 인식하게 되고, 그 부분에 더 신경이 쓰이고 집중하게 됩니다.

다만 우리는 그것을 해결하기 위해 약을 먹거나 적절한 치료를 해서 통증을 느끼지 못하게 만들기도 하지만 그렇다고 그것이 그 존재를 지워버리는 것은 아닐 것입니다. 팔목에 붙인 파스는 그 부분의 통증을 가리고 덮고 느끼지 못하게 만들 뿐이고 더 이상 그 통증으로 인한 팔목에 대한 집중을 거두어갈 뿐이지 그 팔목의 존재를 아예 없애버리는 것은 아닌 것과 같을 것입니다.

우리는 우리 안의 존재들에 대한 인식을 거의 하지 못한 채 살아갑니다. 그러다 그 부분에 통증이 생기면 그제야 그 부분이 내 안에 있음을 자각합니다. 그리고 그제야 그 부분에 대한 예전에 없던 지대한 관심과 투자로 회복을 도모하고, 마침내 해결되면 다시 또 잊고 삽니다.

내 안의 그 존재들의 외침처럼 내 안에 살아계신 그리스도를 나는 너무, 종종 잊고 삽니다. 삶에 큰 문제가 없어서 또는 팍팍하긴 하나 그럭저럭 견딜만해서 내 안에서 외치시는 주님의 존재를 애써 외면합니다. 그러다 견디다 견디다 못하신 주님이 자신의 존재를 소리쳐 외칠 때 우리는 겨우 그 주님의 존재를 발견합니다.

우리는 우리의 삶에서 시시로 때때로 몰아치는 고난의 파도를 결코 달가워하지 않습니다. 가능하다면, 꼭 그렇게 되길 간절히 바라는 것은 늘 평온하고 평탄하며 평강이 넘치기만을 바랍니다. 하지만 그러면 우리는 잊습니다.

잊습니다.
인지하지, 인식하지, 신경쓰지, 마음을 두지 못합니다.
내 안에 살아 숨 쉬시는 주님, 그분의 존재를 말입니다.
그렇기에 나는 내 삶의 언저리마다 느껴지는
이 모든 고통의 흔적들을 거부하지 않습니다.
그 흔적을 자랑하는 것까지 나아가지 못한다고 할지라도
그것을 감사의 제목으로 이름 붙일 몸부림은 칠 수 있습니다.

그렇습니다. 나는 오늘도 내 안에 계신 그 주님을 느낍니다. 고통 가운데 동행하시는 주님을 바라봅니다. 그 고통이 싫어 세상의 그 어떤 수단으로 그 주님의 존재를 가리지도 덮지도 감추지도 않겠습니다. 아멘! 주님. 당신은 내 삶의 가장 귀한 존재이시기 때문입니다!

참된 인도자

아침 일찍 운전을 하는데 오늘따라 안개가 매우 짙게 깔린 것을 보게 되었습니다. 겨우 가까운 곳만 보일 정도여서 운전하는데 여간 신경이 쓰이는 것이 아니었습니다.

파라과이는 주간에도 도로에서는 무조건 라이트를 켜게 되어 있고 지키지 않으면 바로 경찰이 잡기 때문에 앞 차의 후미등을 겨우 보며 천천히 뒤따라가게 되었습니다. 만약에 그 후미등이 없었다면 가까운 거리도 보이지 않는 안개 사이에서 많은 차량들이 추돌사고를 냈을 것입니다.

비록 희미하게 보이지만, 그 희미한 불빛이 나에게는 가장 의지가 되는 신호였습니다. 앞이 전혀 보이지 않는 길 가운데 무언가 인도하는 존재가 있다는 것은 매우 다행스러운 일일 것입니다. 비록 그 존재가 대단하거나 뚜렷하지 않다고 하더라도 말입니다.

앞길이 전혀 보이지 않는 것 같은 인생의 혼돈 속에서도 빛 되신 주님은 앞서가시며 당신의 빛을 따라오라고 말씀하시는 것을 쉬지 않으심이 우리 인생 가운데 얼마나 다행스럽고 감사한 일인지 모릅니다. 결코 흐려진 적 없이 넉넉한 그 빛을 따라가면 때로는 평탄한 길이 아니고, 때로는 넓은 길이 아니더라도 우리는 넉넉히 찬송하며 갈 수 있을 것입니다.

안개는 그날 날씨에 대한 분명한 징조입니다. 바로 그날 낮은 '매우 맑음'이라는 징조 말입니다. 비록 지금은 인생의 안개 같은 시기를 지나고 있다 할지라도 이 안개가 걷히면 그 어느 날보다 맑은 날이 올 것처럼 내 삶에도 그 어느 때보다 복된 인생의 날이 펼쳐짐의 징조임을 믿습니다.

그렇기에 짙은 뿌연 안개를 탓하고 원망하기보다 인도자되신 주님이 앞장서 가시는 그 발자국을 따라 내 삶의 발자국을 디디며 그 빛을 따라 살아가길 원합니다. 그리하여 그날들이 더해지고 더해지면 우리에게는 햇빛보다 밝은 날들이 펼쳐질 것입니다. 아멘! 그렇습니다. 빛 되신 주님, 오직 당신을 따라 걷겠습니다!

9월 1일 / 소통

제 이야기가 잘 들리시나요?

한국 방문을 위해 이번 주 토요일에 출발할 선교사 가정의 코로나 검사에 관해 알아볼 것이 있어 브라질에 다녀왔습니다. 이것저것 물어볼 것이 많아 이야기를 나누다 보니 한 가지 재미있는 모습을 볼 수 있었습니다.

브라질은 포르투갈어를 사용하기에 상대방은 포르투갈어를 사용하고, 나는 스페인어를 사용해서 대화하는데 전혀 문제가 되지 않고 이어지고 있는 것이었습니다. 상대방은 스페인어를 알아들을 수 있고, 나 또한 포르투갈어를 어느 정도 알아들을 수 있기에 대화가 이어지게 된 것입니다.

그런데 생각해보면 두 명이 한 언어를 사용하면 더 좋을 텐데 그렇지 못했던 것은 서로가 상대방의 언어를 자기 모국어처럼 능숙하게 할 수 없기 때문일 것입니다.

지금 사용하는 언어는 군이 생각하지 않아도 입에서 자연스럽게 나오는데, 상대방의 언어를 사용하려면 일단 머리에서 한 번 생각해야 하기 때문에 불편함이 있고, 답답한 부분이 생기기 때문에 서로 자기가 편한 언어로 말하되, 상대방의 언어는 대략적으로 알아들어가며 대화를 이어가는 것일 것입니다.

이런 현상은 공항에서도 가끔 경험하며 생각날 때마다 웃음을 자아내게 합니다. 공항에서 직원은 의례 영어를 사용하는데, 영어는 알아듣는 정도이지 자연스럽게 말하기에는 답답한 부분이 있어 급한 마음에 입에서는 스페인어가 터져 나오는데, 상대방이 스페인어를 알아듣고 스페인어가 아닌 자기가 편한 영어로 말해주는데도 대화가 되는 모습을 볼 때가 그렇습니다.

모국어가 아닌 이상 다른 언어를 사용한다는 것은 자기의 의중을 완전하게 전달하기에는 어려움이 있는 것이 사실입니다. 그래서 다른 언어로 이야기하려면 머릿속에서 한 번 생각하고 정리한 후 이야기해야 하다 보니 조금은 답답한 상황이 이어지기도 합니다. 하지만 그 언어도 숙달이 되면 모국어 못지않게 익숙해져서 사용하는데 더이상 어려움을 겪지 않게 됩니다.

생각해보면 우리가 하나님과의 관계에서 특별히 소통에서 어려움이나 답답함을 경험하는 때가 있는 것은 바로 이와 같이 우리가 주님과의 언어가 익숙하지 않아서, 숙달되지 않아서 일 것입니다. 매일 매 순간 주님과의 동행을 이루며 그분과의 속 깊은 대화가 지속해 왔다면 그런 불편함이 우리 안에 자리할 이유가 없을 것입니다.

오늘 하루 나는 나와 주님과의 언어의 상태를 점검해 봅니다. 내 안에 계신 주님이 나와의 대화가 불편하지는 않으신지 그분의 언어로 조용히 여쭙습니다.

"좋으신 주님, 제 이야기가 잘 들리시나요?"

상황은 감사의 기준이 되지 못합니다

9월 한 달은 그동안 코로나 팬데믹으로 모든 면에서 침체된 교회들을 일으켜 세우기 위해 많은 집회를 열기로 했습니다. 센터 교회도 어제부터 시작된 집회에 많은 사람들이 참석해서 새롭게 영혼의 충만함을 누리고 있습니다.

청년들이 낮부터 와서 말끔히 청소도 하고, 전도지도 만들어 초청도 하고, 라디오 방송이나 교회 스피커를 통해 마을 사람들을 초청하기도 합니다. 예배 순서를 맡은 이나 설교자들도 최선을 다해 준비하고 진행하는 것을 보며 마음에 보람과 기쁨을 가지게 됩니다.

그런 오늘 내가 맡은 일은 한 가지, 먼 곳에 있는 사람들을 데려오는 일입니다. 교회 승합차에 사람들을 태워 데려오기만 하면 되는 간단한 일입니다. 한 바퀴 돌아 태워 오면 45분이 걸리는데, 오늘은 금요일 밤이라 길이 다른 날보다는 조금 위험한 상황입니다. 많은 운전자들이 술을 마시면서 운전하기 때문이기도 하고, 라이트가 나오지 않는 차량이나 오토바이를 타고 과속으로 다니는 술 취한 운전자들이 있는 날이기 때문입니다.

자주 접하는 경우이기 때문에 익숙하게 피해서 가며 운전하면 되기에 그다지 염려는 되지 않지만, 혹여나 사고가 날까 봐 더욱 기도하는 마음으로 운전대를 부여잡게 됩니다. 오늘 깜박하고 야간에 운전할 때 사용하는 안경을 쓰지 않았더니 오래된 승합차의 좋지 않은 상태의 유리 너머가 잘 보이지 않아 운전하면서도 왜 안경을 챙기지 않았는지 자책을 많이 하기도 했습니다.

어찌어찌해서 첫 장소에 도착하고 사람들을 태우고 다음 장소로 이동하는데 평소보다 많은 이들이 있어 다 태울 수 있을지 염려가 되었지만, 그래도 예배를 사모하는 마음으로 기다리는 이들이 얼마나 귀한지, 감사한 마음으로 그들을 태우고 다음 탈 사람들이 기다리는 곳으로 갔는데, 더 많은 사람들이 기다리고 있어서 잠시 고민이 되기도 했습니다.

다 태우고 가기가 어려울 것으로 보였기 때문입니다. 그렇다고 일부만 태우고 갈 수 없어서 모두 태우기로 결정하고, 모두 겹쳐 앉고, 뒷문을 열고 콩나물시루처럼 빽빽하게 태우고 오는데, 오다가 혹시 차가 멈춰버리면 어떡하나 하는 염려가 들 정도로 차 안에 가득 찬 사람으로 차가 버거워하는 게 느껴질 정도였습니다.

사람은 가득 찼는데 창문은 고장 나서 안 열리고, 에어컨은 작동하지 않은 지 몇 년이 되었고, 오늘 낮은 더웠던 날이라 차 안에는 사람들이 뿜어내는 열기로 한증막이 따로 없을 지경이었습니다.

그러나 차 안에 가득 찼던 것은 사람들의 웃음소리였습니다. 차가 무거워 겨우 방지턱을 넘으면 다 같이 뭐가 재밌는지 웃고, 커브를 돌 때 쏠려서 부딪치면 웃고, 혹여나 바닥이 뭐에 닿기만 해도 웃음소리가 터져 나왔습니다. 평소에 이런 상황이었다면 당연히 불만이 터져 나오기에 충분한 상황이었는데, 오늘은 알 수 없는 기쁨과 웃음이 우리 안에 가득했습니다.

이유는 하나
예배하러 가기 때문일 것입니다.

우리의 삶 가운데 거의 대부분의 순간은 감사의 절대적 기준이 됩니다. 상황이 좋으면 기뻐하고 감사하지만, 상황이 그렇지 못했을 때 감사는커녕 원망이 튀어나옵니다.

그러나 진정한 감사는 상황을 뛰어넘어 감사했을 때 이루어집니다. 도무지 감사할 수 없는 상황 가운데 우리 안에 감사의 마음이, 언어가 튀어나온다면 그것이야말로 진정한 감사, '참 감사'일 것이고, 두말할 것 없이 그것은 온전히 우리에게 은혜로 부어지는 것일 것입니다. 왜냐하면 우리의 본성 가운데에는 상황을 뛰어넘는 온전한 감사를 이뤄낼 그 어떤 가능성도 없음을 우리의 수많은 경험 가운데 보아왔기 때문입니다.

사람들이 차에서 내리며 하나 같이 "감사합니다!"라고 외치는 것은 그 안에서 해방되었음에 대한 감사일 수도 있겠으나, 더 중요한 이유는 예배의 자리로 무사히 잘 나아왔기 때문일 것입니다.

이처럼 동일하게 비록 우리의 인생에 수많은 질곡을 겪으며 지나왔다 할지라도 그 길의 끝에서 우리가 마주하는 것이 우리 주님의 보좌

라면 그 수많은 어려움과 고통의 시간들이 우리에게는 결코 저주의 시간도, 후회의 시간도 아닌 오직 감사의 나날들의 모음일 것입니다.

수고로웠던 오늘의 고단함이 비록 내일의 안락함을 보장해 주지 못한다고 할지라도 그런 하루하루의 더해짐이 무의미한 고생의 축적이 아니라 우리 주님께 나아가는 삶의 여정임을 믿고, 상황과 환경이 비록 녹록지 못한다고 할지라도 거친 하루하루를 오직 감사함으로 살아내고 또 살아내면 마침내 그 모든 여정의 끝에서 환하게 두 팔 벌려 웃으시며 맞이하시는 우리 주님의 넓은 품에 우리는 안길 수 있을 것입니다.

그날이 언제일지 몰라도
난 오늘을 또 내일을 그렇게 살아내겠습니다.
주님, 상황보다 크신 주님, 환경을 이미 이기신 주님
내 안에 오직 하나, 감사만을 채우소서.

9월 6일 / 성장

내 모든 것을 주님께 완전히 숙달되게 하소서

정말 오랜만에 예배 가운데 기타를 치며 특송을 했습니다. 전도사로 사역할 때는 오랫동안 기타를 치며 찬양 인도를 했었고, 성가대 지휘도 했었기에 오랜만에 잡은 기타를 치며 찬양하는 게 어려운 일은 아니었습니다.

다만 문제는 손가락이었습니다. 기타 줄을 누르는 손가락 부분에 이미 오래전에 굳은살이 사라져 버렸기에 짧은 기타 연주에도 그곳에 통증을 느끼게 해 주었습니다. 전에는 항상 그곳에 굳은살이 있었기에 기타를 몇 시간이나 쳐도 아무 문제가 없었던 것에 비하면 정말 큰 차이가 나는 것을 보게 되었습니다.

하지만 계속해서 이 손가락으로 기타를 치다 보면 곧 예전처럼 굳은살이 자리하게 될 것이고, 그러면 더 이상 통증을 느끼지 않아도 될 것입니다.

우리 몸은 반복적으로 지속하는 것에 놀라울 정도로 완벽한 적응을 스스로 해 나갈 수 있도록 구조되어 있음을 봅니다. 그래서 계속된 반복으로 그 행위가 숙달되면 자다가도 이루어질 정도로 완벽하게 습득되는 것입니다. 하지만 그 행위가 오랜 시간 멈춰있다면 언제 내가 그랬었는지 생각이 잘 나지 않을 정도로 완전히 리셋되는 것을 보게 됩니다.

이는 단순히 육신에 관한 것만이 아니라 우리의 영혼도 그리함을 보게 됩니다. 그렇기에 나는 매 순간 주님과의 동행의 중요성을 절실하게 느끼게 됩니다. 늘 주님과 동행하는 삶은 우리의 영혼의 모든 부분을 그분에게 맞춰지게 될 것이고, 그로 인해 그 어떤 어려운 상황이 와도 그것에 굴하지 않고 주님께 우리의 시선을 고정되게 할 것입니다.

상황과 환경은 늘 우리를 흔들어 대지만 우리가 결코 좌절하지 않을 것은 우리의 영혼의 근육들이 주님으로 인해 훈련돼 있기 때문일 것입니다. 그러기에 또한 그리하기 위해 나는 오늘도 내 주님과 온전한 하나 됨을 간구합니다. 놀라우신 주님, 내 모든 것을 주님께 완전히 숙달되게 하소서.

9월 19일 / 동행

동행이 영적 본능이 되게 하소서

코로나 기간 몸과 영혼이 많이 지친 각 교회들의 회복을 위해 9월은 많은 지교회들에서 특별 집회를 열고 있습니다. 교회를 가기 위해 지난번 사고 나서 고친 차에 사람들을 가득 싣고 다녀오게 되었습니다.

교회 승합차는 사역자분들이 운전하고, SUV 차량의 트렁크까지 사람을 가득 싣고 가는데, 거의 다 가서 차량 헤드라이트가 깜빡이더니 꺼져버렸습니다. 다행히 거의 다 도착해서 그런 거라 휴대전화를 꺼내 플래시를 켜서 상대편에서 오는 차량과 오토바이에 신호를 보내며 무사히 잘 도착할 수 있게 되었습니다.

예배를 마치고 돌아오는 길에는 혼자서 올 수 없어 부목사님 차량을 앞에 세우고 그 차에 바짝 붙어 따라가게 되었습니다. 부분적인 돌길을 제외한 대부분 길이 흙길이고, 얼마 전 내린 비로 웅덩이들이 많은지라 조금만 떨어져서 가면 그런 곳들이 보이지 않기에 필사적으로 가깝게 붙어 가게 되었습니다.

올 때는 차 안이 시끌벅적하게 신나게 갔지만, 오는 길에는 정적이 감돌았습니다. 모두 다 이 상황을 알기에 긴장하기 때문이었을 것입니다. 그렇게 한참을 가서 무사히 목적지에 내려 주고 돌아오는 길에 얼마나 큰 감사한 마음이 들었는지 모릅니다.

앞의 그 차를 붙이다시피 가까이 따라가며 그런 생각을 해 보았습니다. 놓치면 죽는다는 간절함으로 따라가는 것, 이것이야말로 진정한 바라봄이고 진정한 동행이다.

예수를 바라보고 동행한다고 말하는 것과 실제로 그것을 행하는 것은 놀랍도록 커다란 간극이 있음을 봅니다. 그리고 그 간극을 결정하는 유일한 기준은 '간절함'일 것입니다. 사탄이 이 세대 가운데 사용할 수 있는 가장 효과적인 전략은 그 간절함을 거두게 하는 것이라 생각해 봅니다.

나는 오늘도 나를 돌아봅니다.

얼마나 주님을 바라보았는가

얼마나 주님과 동행하였는가도 생각해보지만

가장 중요한 것은

나는 오늘도 얼마나 간절했는가

나는 오늘도 얼마나 그분을 갈망했는가입니다.

그분을 바라보고 그분과 동행하자는 것이 하나의 담론이나 하나의 선택적 운동이 아닌, 삶의 전방위에서 실천되는 영적 본능이 되길 소망합니다.

그렇기에 오늘도 나는 나를 돌아봅니다.

나는 오늘도 얼마나 주님께 간절했는가!

10월 1일 / 예수

가장 선한 것을 붙잡습니다

해거리를 하는 건지 작년에 별로 열리지 않았던 망고 열매가 올해에는 엄청나게 많이 열린 것을 보게 됩니다. 처음에는 아주 작은 동그란 열매가 점점 커져서 지금은 제법 모양을 갖춰가고 있습니다.

그런데 지난 밤 강한 바람에 상당히 많은 작은 열매들이 땅에 떨어졌습니다. 망고를 좋아하는 입장에서는 참으로 안타까운 일임이 분명합니다. 해마다 망고 열매가 자라는 중에 큰 폭풍을 얼마나 많이 혹은 얼마나 적게 경험하느냐에 따라 그해 먹을 수 있는 양이 달라지기 때문입니다.

하지만 그렇게 떨어지지 않으면 정작 나중엔 제대로 된 열매를 먹기 어려워집니다. 이유는 두 가지로 하나는 이렇게 떨어져 주지 않으면 나중에 열매의 무게로 가지가 부러지는 경우가 생기기 때문이고, 더 큰 이유는 많은 수의 열매는 먹을 만한 사이즈로 다 같이 커지지 못하고 결국 어중간한 사이즈로 남아버리기 때문입니다. 적당히 솎아져야 남은 것들이 먹을 만한 좋은 사이즈로 자라는 것입니다.

적당히 솎아지는 것, 필요한 만큼만 남겨지고 내려놓아지는 것, 가장 중요한 것들만 남기고 나머지를 과감하게 포기할 줄 아는 것, 이 단순한 원리는 비단 나무 열매에만 해당되는 것이 아니라 살아가는 삶의 모든 과정에서 동일하게 적용됨을 봅니다.

다 움켜쥔다고 해서 다 얻을 수 없음을 알아가는 것이 철드는 과정이라 한다면 왜 우리는 그 단순한 진리를 우리의 영적인 삶에서 적용하며 사는 것에 그리도 둔한지 모르겠습니다.

교회에 꼬맹이들이 많이 있어 가끔 사탕이나 과자를 주면 너무나 좋아하며 받아 갑니다. 그때 누군가 더 큰 사탕이나 과자를 준다면 아이들은 그것을 받기 위해 손을 비우려고 자신이 들고 있는 작은 것을 미련 없이 내려놓습니다.

자신의 손에 있는 작은 것을 내려놓아야 더 크고 좋은 것을 받을 수 있다는 것을 누가 가르쳐주지 않아도 아이들은 본능적으로 알고 있기 때문입니다.

때로는 우리는 아이들의 현명함에도 못 미치는 어리석음이 있음을 봅니다. 가장 선한 것, 가장 귀한 것을 붙잡기 위해서는 우리의 손에 쥐어진 우리의 욕망의 제목들을 내려놓아야 함에도, 차마 그러지 못해서 두 가지를 바라보며 갈팡질팡하고 있는 때가 있음을 부인할 수 없기 때문입니다.

그러기에 나는 오직 주님을 붙잡습니다. 세상의 그 어떤 달달한 이름도 내게는 내 손 안의 주인으로 자리할 수 없음을 선포합니다. 선포하는 것은 매 순간 나 역시 그 앞에서 주저할 때가 있음을 시인하는 것이기에 그런 나를, 나의 마음을 다잡기 위한 것입니다. 매 순간의 그 주저함을 온전히 떨쳐버리길 갈망하기에 나는 오늘도 주님의 이름을 부릅니다.

그렇습니다. 주님!
오직 당신뿐입니다! 아멘!

10월 7일 / 보혈

그 피에 잠기면

며칠째 계속 운전자 쪽 타이어에만 공기압이 떨어지는 것을 봅니다. 주유소에 있는 압축기 공기압 주입기로 채워도 그다음 날이 되면 다시 많이 빠져서 방지턱을 넘는 것도 간당간당하니 그때마다 다시 채워야 합니다.

아예 공기가 다 빠져 버리면 못이 박힌 것일 테니까 차를 아예 사용할 수 없기에 당장 가서 손을 볼 텐데 애매하게 반만 빠지니 매일 공기를 넣는 것을 반복하다가 지쳐서 결국 타이어 수리하는 곳에 가서 도대체 뭐가 문제인지 바퀴를 분리해 보았습니다.

육안으로는 아무리 봐도 어디가 문제인지 알 수 없기에 바로 타이어를 들어다가 물이 담긴 통 안에 넣으니 어디가 문제인지 알 수 있게 되었습니다. 눈으로는 미세하게 새어 나오는 공기를 볼 길이 없겠으나 물에 잠긴 타이어에서 새어 나오는 매우 적은 양의 공기도 방울이 되어 떠오르는 것을 보여주기 때문입니다.

공기가 새어 나오는 곳을 보니 못이나 나사가 박힌 것이 아니라 휠이 충격을 받아 깨어져 약간 금이 가 있는데 그 틈으로 공기가 새고 있음을 알게 되었습니다. 괜스레 내 체중이 많이 불어서 운전자 쪽만 바람이 많이 빠지는가 하고 다이어트를 심각하게 고민했던 생각이 떠올라 웃음이 나기도 했습니다.

얼른 트렁크에 있는 보조바퀴로 갈아 끼우고 문제의 바퀴는 동네에 용접하는 사람에게 가져가 용접을 하고 다시 타이어를 설치했더니 예전처럼 바람이 빠지지 않고 제 역할을 해 주고 있습니다.

눈에 보이지 않던 그 미세한 공기의 유실도 물에 잠기자 자신의 존재를 드러내는 것처럼 세상의 문화와 풍조 속에 녹아 그들처럼 살 때는 보이지 않던 내 안의 죄 된 본성도 무언가에 잠기면 그 실체가 드러나게 될 것입니다.

그것은 다름 아닌 피, 예수 그리스도의 피입니다.
그 피에 우리가 잠기면 감출 수 없이 분명하게
우리의 죄 된 모든 것들이 밝히 드러날 것입니다.

우리는 너무나 익숙해져서, 이 세상의 문화와 보편적 기준에 너무나 완벽하게 적응되어 있어서 마치 세상과 나의 눈으로는 아무런 문제도 없는 것처럼 보여지고 불편함 없이 살아가고 있지만, 나의 삶이 온전히 예수의 피, 그 피에 완전히 잠기면 내 안에서 쉼 없이 돋아나오는 그 무수한 더러움들에 놀라고 부끄러워할 것입니다.

하지만 예수 그리스도의 피는 우리의 죄를 증명하고 고발하기 위해서만 존재하는 것이 아니라 그런 우리를 씻으시기 위해서도 존재한다는 것이 내게 가장 큰 힘과 위로가 됨을 고백합니다.

자신의 죄를 모른 척하고, 외면하고, 덮어버리기만 하는 것도 문제지만, 다른 이의 죄를 낱낱이 드러내고 고발하고 정죄하는 것이 더 큰 문제임을 복음서는 말씀하고 있음을 보면서, 예수님은 우리의 죄를 모른 척하지도 않으시며 그렇다고 정죄하여 우리를 한없이 부끄럽게도 아니하시며 오직 자신이 말없이 피 흘리시어 그 피로 우리를 씻기셨음을 바라봄을 통해 내 안에 온전한 소망은 오직 그분에게

만 있음을 다시 한번 더 고백하게 하십니다.

나는 오늘도 내 안에 죄의 입장을 몸부림치며 저지했지만, 다 막아내지 못했음에 절망하는 것보다 잠잠히 그분의 피에 침잠(沈潛)합니다.

그분 안에 조용히, 온전히 들어가 앉습니다.
내 주님, 당신 안에, 당신의 피 안에 온전히 잠깁니다.

10월 15일 / 고난

어디에 뿌리를 내리고 있습니까?

어젯밤 강한 바람이 불기 시작하더니 폭우가 쏟아져 내렸습니다. 큰비가 오기 전에는 항상 이렇게 강한 바람이 부는데, 어제는 유난스럽게 강한 바람이 긴 시간 대지를 훑고 지나갔습니다.

항상 그래왔듯이 아니나 다를까 바람이 불기 시작하고 얼마 되지 않아 정전되었습니다. 아마도 강한 바람이 전기선을 건드렸을 테고, 순간적인 합선이 지역의 모든 전기를 차단했을 것입니다.

아침에 나와 길을 다녀보니 예상했던 대로 동네에 여러 나무들이 쓰러지거나 가지가 부러져 있는 것을 보게 되었습니다. 어떤 나무는 쓰러지지 않고 단지 가지만 부러진 나무가 있는가 하면, 어떤 나무는 가지는 부러지지 않았는데 나무 전체가 쓰러져 땅에 나란히 누워 있는 모습을 하고 있음을 보는데, 쓰러진 나무들의 동일한 특징을 발견할 수 있었습니다.

그것은 나무 전체의 크기에 비해 나무뿌리가 매우 낮고 짧게 펼쳐져 있는 것이었습니다. 뿌리가 깊거나 뿌리가 넓게 많이 펼쳐져 있었더라면 그렇게 맥없이 쓰러지지 않았을 터인데 그렇지 못해 바람에 속절없이 넘어가버린 것입니다.

쓰러진 나무들은 겉으로는 잎사귀도 풍성하고 줄기도 굵어서 탄탄해 보였는데 실상은 그렇지 못했던 것입니다. 왜 그랬을까를 생각해보면 물과 양분이 풍부한 이곳의 환경이 굳이 뿌리를 깊고 넓게 내리지 않아도 되게 만들었기 때문이 아닐까였습니다.

항상 넉넉한 물과 양분이 있는데, 일부러 힘들여가며 뿌리를 깊고 넓게 퍼트리지 않았던 나무는 결국 지난 밤 같은 바람에 자신의 삶을 마무리하게 되어버린 것입니다.

살아가며 때때로 불어닥치는 인생의 폭풍우는 우리로 하여금 더욱 깊고 넓은 뿌리를 내리게 하는 이유가 되기도 합니다. 고난과 환난을 좋아하는 사람이야 없겠다만은 그것이 전혀 없는 삶은 언젠가는 닥쳐올 수밖에 없는 그 상황에 맥없이 무너져 버리고 말 것입니다.

그렇다고 고난을 기대하고 환영하는 삶을 살 수는 없는 노릇이지만, 적어도 매 순간 우리의 삶의 뿌리를 더욱 깊고 넓게 드리우는 수고를 게을리해서는 안될 것입니다.

모래땅에 자라는 나무는 거친 땅에 자라는 나무보다 뿌리 내리기가 훨씬 쉬울 것입니다. 하지만 그 뿌리는 고난의 순간에 움켜잡고 버틸 존재가 부재하기에 결국 쓰러져 버릴 것입니다. 비록 거친 땅은 뿌리 내리기가 고단할지라도 그 뿌리가 움켜쥔 그 굳은 대지가 모든 폭풍우에서 그를 단단히 붙잡아 줄 것입니다.

뿌리를 깊게 내리는 것도 중요하지만, 더욱 중요한 것은 어디에 뿌리를 내리는가입니다. 지난 밤 바람이 지나간 자리에 남겨진 수 많은 흔적들을 치우며 오늘도 깊은 생각을 가져봅니다.

나는 얼마나 뿌리 내리고 있는가?
또한 나는 어디에 뿌리 내리고 있는가?

주님, 나는 오직 주님, 당신의 거친 심장에 내 영혼의 닻을 내려 모든 고난의 현장에서 요동치 않게 하소서

12월 12일 / 순종

모든 기적은 반드시 모두 순종으로부터 나옵니다

말씀을 들으며 많은 생각을 해 보았습니다. 잔칫집에 포도주가 왜 떨어졌을까? 주인이 손님이 어느 정도 올지를 예상하지 못하여 적게

준비했기 때문일까? 아마도 주인이 예상했던 것보다 훨씬 많은 사람들이 왔기 때문이 아닐까?

그렇다면 예상했던 것보다 너무나도 성공적인, 축복받는 결혼식이라는 이야기인데 그런 축복의 자리에도 문제가 생길 수도 있음을 생각해보았습니다.

인생의 성공의 자리와 성공의 시간에도 우리에게는 언제든지 어려움이 찾아올 수 있음을 생각해 봅니다. 주님이 오신 그 자리에도, 주님과 함께 하는 그 시간에도 우리에게는 언제든지 어려움이 닥칠 수 있음을 생각하게 하고, 그럼에도 주님은 우리와 함께 계시고, 그분으로 인해 우리의 문제는 언제나 해결함을 받는다는 것을 생각해 봅니다.

그리고 예수님의 어머니가 잔칫집에 포도주가 떨어졌음을 알게 되었다는 것을 생각해 봅니다. 분명 그 집의 주인이 아니기에 초대받고 손님으로 간 그들이 알 정도라면 이미 그 안의 대부분의 사람들이 다 알고 있는 상황이 아닐까 하는 생각을 해 봅니다.

이미 모두가 다 아는 상황, 즉 이제는 더 이상 어쩔 수 없는 그런 최후의 상황에도 주님은 그 상황을 해결해 주심을 생각합니다. 도무지 답이 나올 것 같지 않은 상황에 처해져 자포자기하고 싶은 그런 때에도 우리에게는 주님이 계시기에 우리는 해결함을 받을 수 있음을 생각해 봅니다.

그리고 무엇보다 가장 큰 것은 하인들의 순종임을 생각해 봅니다.

나는 믿기를 그 물이 포도주로 변한 순간은 하인들이 그 물을 뜨는 순간이 아니라 그들이 그 물을 들고 사람들에게로 가는 발걸음을 따라 점점 붉어졌으리라 믿습니다.

모든 순종이 반드시 모두 기적을 동반하는 것이 아니라 하더라도 모든 기적은 반드시 모두 순종으로부터 나옴을 믿습니다.

그 물을 떠서 연회장으로 가면서 얼마나 많은 생각을 했을까를 생각해 봅니다. 하인이라는 그들의 사회적 신분은 맹물을 연회장에 가져다주면 손님들을 기만한 죄로 그들의 주인으로부터 말할 수 없는 벌을 받게 되는 위치임을 말해줌에도 그들은 자신의 처지보다 한 분이신 주님의 말씀에 순종하였기에 놀라운 첫 기적의 주인공이 될 수 있었음을 생각해 봅니다.

때로는 우리의 삶이 퍽퍽하게 느껴지는 것은 우리 삶에 기적이 부족한 것이 아니라 단지 준비된 기적의 문을 열 수 있는 순종이라는 열쇠를 돌리지 않기 때문임을 생각해 봅니다. 그렇습니다. 주님. 내 손 위에 얹으신 당신의 열쇠를 돌릴 순종을 모든 삶의 자리에서 허락하소서.

더디지만 이 길을 걷겠습니다

한국에 있는 동안 가능한 매일 산에 오르고 있습니다. 숨이 턱까지 차오를 정도로 오르다 보면 폐에 약간의 통증이 느껴지는데 그 상태가 되면 제대로 운동이 되는 것처럼 느껴져 기분이 좋아짐을 느낍니다.

대부분 평지이고 산을 가려면 몇 시간을 가야 나오는 파라과이에서 풀어진 다리 근육이 한국에 있는 동안 산에 오르며 다시 강화되는 것을 느끼기도 합니다.

유명한 산을 오르는 것이 아니다 보니 대부분 오르는 산에 등산로가 잘 보이지 않거나, 희미하게 보이는 등산로는 낙엽으로 가득차 있는 것을 보게 됩니다. 그 낙엽을 밟으면 매우 미끄럽기에 오르고 내릴 때 미끄러지지 않기 위하여 많은 신경을 써야 합니다.

등산하다 보면 경사로가 제법 있는데 빨리 가려는 마음에 직선으로 오르면 얼마 가지 못해 체력이 달려 더 이상 오르지 못하는 상황에 놓이게 됩니다. 그럴 때는 지그재그로 오르면 비록 시간과 거리가 더 들지만, 결국에는 정상까지 오를 수 있음을 보게 됩니다. 느리고 더디지만, 그 방법이 험하고 높은 산을 오르는 유일한 방법임을 체득합니다.

비단 그것이 산을 오를 때만 해당되는 것이 아니라 삶의 과정에도 동일하게 적용될 거라 믿습니다. 근래 들어 무명(無名)한 자의 삶에 대한, 너무나도 더디고, 마치 멈춰있는 것 같은 삶을 살아가고 있는 것에 대한 생각에 마음이 괴로웠는데, 오늘 산을 오르며 주님의 깨우쳐주심을 받습니다.

그렇습니다. 주님.
나는 세상에 무명하나 당신이 피 흘려 구원하신
가장 소중한 존재임을 믿습니다.

12월 28일 / 위로

첫새벽의 묵상

이른 아침, 내 심령을 부드럽게 어루만지시는 주님의 손결에 눈을 뜹니다. 첫새벽, 머나먼 바다에서 일어나 푸른 대지를 훑고 다가온 맑고 신선한 공기는 생명력 가득한 주님의 숨결 같습니다.

첫 시간 조용히 앉아서 내 마음에 임재하시는 주님의 얼굴을 마주합니다. 이리도 선명한데, 이리도 분명한데, 번민했던 지난 시간의 내 영혼의 그 언저리 때에는 왜 그리도 아득하고 희미하기만 하셨는지요….

주님, 당신과 무릎을 맞대고 앉은 이 시간이 좋습니다. 당신의 존재하심만으로도 참으로 내 영혼이 기름짐으로 넉넉하고 흡족합니다.

잠잠히 내 심령에 새기시는 당신의 손가락으로 새기시는 말씀에 내 마음에 위로와 힘을 얻고, 깨우치시는 그 말씀에 눈물을 쏟습니다.

오늘 하루 내 모든 삶의 여정을 당신의 발자국에 얹고 살아가게 하소서. 온전히 당신에게 안긴 채 살아가는 날이 되게 하소서.

12월 29일 / 그리스도인

나로 이런 사람 되게 하소서

이 아침 간절함으로 주님의 이름을 부릅니다.

주님, 나로 하여금 이런 사람 되게 하소서.

가르치고 훈계하는 자가 아닌

함께 울며 위로하는 자가 되게 하소서.

이끌고 지시하는 자가 아닌, 섬기고 순복하는 자가 되게 하소서.

명석하고 탁월한 자가 아닌, 순전하고 온유한 자가 되게 하소서.

냉철하고 원칙적인 자가 아닌

가슴으로 품어 사랑하는 자가 되게 하소서.

지도자가 아닌, 인도자가 되게 하소서.

주님, 나로 사랑만 하는 자 되게 하소서.

때때로 닥쳐오는 환란과 곤고를 가슴으로는 울어도

그것으로 절망하여 낯빛이 변하지 않게 하소서.

근심과 염려가 전혀 없을 수는 없겠으나

그것에 매몰되어 낙심하는 자가 되지 않게 하소서.

이미 내려놓는 것들에 대한 미련을 품지 않게 하시며

이 땅의 평범하고 당연한 것들에 대한

갈망을 느끼지 않게 하소서.

주님, 오직 당신만으로 만족하며

고난 중에도 "내 잔이 넘치나이다"라고 고백하게 하소서.

그리고 무엇보다, 그 어떤 것들보다, 더욱, 당신께 가까이,

더욱 가까이 나아가는 자 되게 하소서.

그리하소서.

주님, 오직 그리하소서.

아멘. 그리하소서.

색이 아닌 빛으로 오신 주님

그 안에 생명이 있었으니
이 생명은 사람들의 빛이라 요 1:4

참 빛 곧 세상에 와서
각 사람에게 비추는 빛이 있었나니 요 1:9

어린 시절 도화지에 크레파스를 사용하다 잘못 칠해진 추한 색이 싫어서 그 색을 지우기 위해 그 위에 아무리 밝고 화사한 색을 덧칠했지만, 오히려 더욱 색이 어두워지는 것처럼, 번민하는 내 마음 색을 감추기 위해 수많은 변명과 핑계의 필터를 그 위에 덧대지만, 되려 더욱 근심하게 되는 내게 오신 주님.

아무리 옅고 미미한 빛일지라도 더하면 더할수록 오히려 더욱 밝아지는 그 진리로, 내게 매 순간 하나씩의 은혜의 빛을 더욱 더하시어 나의 어두웠던 마음을 밝히십니다.

주님, 내가 내 마음을 주체할 수 없이 괴로워, 온갖 것으로 도피와 합리화의 색을 더하여, 오히려 더욱 내 마음이 어두워져 괴로워할 때마다 당신이 오셔서 당신의 생명의 빛으로 빛을 더하사 나의 마음을 밝혀 나를 일으키소서.

당신을 누구보다 더욱 뜨겁게 사랑하는 자가 되게 하소서

주님, 나의 기도의 분량이

다른 이의 신앙을 평가하는 잣대가 되지 않게 하소서.

주님, 나의 성경에 대한 앎이

다른 이의 말씀에 대한 지식을

저울질하는 기준이 되지 않게 하소서.

주님, 나의 사역의 범위가

다른 이의 수고에 대한 가늠자가 되지 않게 하소서.

오직 나의 간절한 갈망을 아시는 주님

나로 더 많은 경륜과 지식과 사역의 분량을

늘리기를 원하는 자 되어 나를 나타내는 자가 아닌

오직 한 가지

당신을 누구보다 더욱 뜨겁게 사랑하는 자가 되게 하소서.

세상에서의 무명한 자요,

아무도 주목하지 않는 자의 삶을 살아도

오직 한 분

주님 당신과의 완전한 합일(合一),

온전한 동행자의 삶을 살아가게 하소서.

그것이면 족합니다. 그것이면 충분합니다.

더 바랄 것이 없습니다.

내 온 마음에 충만히 당신으로만 채우사,

그 어떤 다른 것이 스며들지 못하는

완전하신 예수 그리스도의 심장으로 살아가게 하소서.

1월 12일 / 감격

성실한 일상의 합

매일 반복된, 끝이 없을 것 같은 지루하기까지 한 일상의 끝자락에 때로는 '무슨 특별함이 있겠는가'라며 볼멘소리를 마음에 품을지라 도 그 하루 가운데 내게 주신 주님의 말씀에 의지하여 어찌 되든 그 말씀을 순종하기 위해 몸부림치며 살아왔고 또 그렇게 나를 이끄신 주님을 바라보는 내 시선이 끊이지 않았다면 그 하루가 결코 허투루 살지 않은 특별한 날이요, 그날의 쌓인 흔적은 시간이 지날수록 비 록 내게는 잊힐지라도 주님의 일기장에는 꼭꼭 눌러 쓰인 거룩한 증 거가 될 것입니다.

그렇기에 나는, 나의 매일의 삶의 모든 언저리에, 그 주님과의 아름다운 동행의 행복한 자국이 남길 갈망합니다. 특별한 것 없는 이 하루의 끝자락이지만, 그럼에도 감사할 수 있는 것은 주님을 향한 내 마음을 쉼 없이 끌어오신 주님의 성실하심 때문입니다.

특별한 곳에 가지 않아도, 특별하고 대단한 사람을 만나지 않아도, 기가 막히고 멋진 사건이 내게 일어나지 않았어도, 하루의 온 시간을 주님을 바라고 걸어왔다면, 나는 오늘도 특별한 하루를 살아낸 것이라 믿습니다.

놀라우신 주님, 내 일상의 이런 지극한 평범함을 가지고도 이렇게 특별한 감격으로 바꾸시는 주님이 놀랍습니다. 아멘! 그렇습니다. 주님. 참으로 놀랍습니다.

1월 20일 / 그리스도
변하지 않는 유일한 이름을 붙잡아야 합니다

어제 눈이 제법 내려 쌓였을 산길을 걷고 싶어 오늘 아침 남한산성에 가서 한 바퀴 돌고 왔습니다. 전에는 눈길을 걸을 때 미끄러지지 않기 위하여 온 신경을 집중했는데 오늘은 편안한 마음으로 다닐 수가 있었습니다.

그 이유는 오늘 처음으로 아이젠을 가지고 갔기 때문입니다. 처음에는 영 어색하고 불편했는데 막상 아이젠을 착용하고 눈길에 발을 떼니 신세계가 펼쳐지는 느낌이었습니다. 전혀 미끄러지지 않았기 때문입니다.

눈길을 걷는 내내 주님을 묵상하며 또한 많은 생각을 하게 되었습니다. 내 삶에 이렇게 나를 미끄러지지 않게 해 줄 존재와 장치는 무엇인가? 내 삶의 고비마다 어려운 때마다 나로 하여금 낙심치 않게 하며 나를 든든히 잡아 줄 것이 무엇인가?

많은 사람들은 자신들의 재력이나 인맥이나 세상의 지위가 자신을 지키고 도와줄 것으로 생각하며 어떻게 해서든 그것들을 키우고 확장하는데 온 삶을 드리고는 합니다.

하지만 그것들은 우리가 이미 익히 알고 있듯이 가장 필요한 때 가장 효과적으로 그것을 믿었던 이를 배신하게 됩니다. 자신의 온 삶을 드려 세웠던, 그것을 얻기 위해 다른 모든 것을 포기했던, 심지어 포기한 것들과 등을 지고 원수가 되어 겨우 이루어 냈는데, 도리어 그것이 자신을 버렸을 때의 허탈감은 이루 말할 수 없게 되고 그로 인해 삶을 포기해 버리는 경우를 적지 않게 보게 됩니다.

그렇기에 변하지 않을 것을 붙잡아야 할 것입니다. 상황과 조건에 따라 변하는 것이 아니라 세상이 두 쪽이 나도 변하지 않을 것, 오직 그것을 붙잡아야 할 것입니다. 감사한 것은 우리는 이미 그 이름을 알고 있다는 것입니다.

"예수 그리스도"

오직 그 이름만이 변치 않는 능력이 될 것이며 상황과 환경과 조건을 초월한 유일한 우리의 구원자이십니다. 그 이름을 우리가 힘입지 않으면, 그 이름에 내 삶을 온전히 맡기지 않으면 우리는 너무나 자주 세상의 경사로에서 미끄러져 넘어질 것입니다.

오늘 하루 주님의 이름을 온전히 부를 수 있었음이 내게 가장 큰 감사의 제목입니다. 그 이름 예수, 우리에게 허락된 유일한 이름입니다.

1월 21일 / 은혜

눈을 들어 은혜의 빛을 보십시오

점심에 약속이 있어서 산에 갈 수 없기에 게스트하우스가 있는 뒷문 계단을 오르고 내리며 운동을 하였습니다. 층마다 높이가 제법 있는지 1층에서 5층까지 오르고 내리기를 한참을 하면 산에 오르는 것만큼의 운동 효과를 얻을 수 있어서 산에 갈 수 없는 날에는 계단이 훌륭한 대체재가 되고 있습니다.

계단을 오르고 내리며 보이는 창밖 풍경에 주변의 집들 지붕 위에 쌓인 눈들이 보였습니다. 엊그제 그리 많지는 않지만, 집마다 내린 눈들이 살포시 내려앉은 지붕의 풍경은 보는 눈을 즐겁게 해 주었습니다.

그런데 어느 집의 지붕은 눈이 그대로 있는가 하면, 어느 집의 지붕에는 눈이 보이지 않았습니다. 눈이 보이는 집에만 눈이 내리고, 눈이 보이지 않는 집에는 눈이 내리지 않아서가 아닌 것이 분명한 것은 눈은 분명 어느 곳이나 같은 분량으로 내려와 앉았을 것이기 때문입니다.

다만 눈이 보이지 않는 곳은 이미 햇볕에 모두 녹아 사라졌고, 눈이 보이는 곳은 아직 햇볕에 닿지 않아 녹지 않았을 뿐일 것입니다. 심지어 한 지붕일지라도 모습이 다름을 보게 됩니다. 한 집에 같이 내렸을 눈이 어느 방향은 눈이 여전히 남아 있는가 하면, 어느 방향은 이미 사라지고 없어져 버렸습니다. 이유는 동일한 이유일 것입니다.

그 눈들을 보며 문득 저 눈과 같이 주님의 은혜도, 구원의 문도 모든 이에게 열려 있음을 생각합니다. 예수 그리스도께서 십자가에서 죽으시고, 부활하심으로써 그를 믿는 모든 이가 구원받을 수 있는 구원의 문을 열어주셨음에도 불구하고 실제로 그 구원의 은혜를 받아 누리는 이가 매우 적음을 보게 됩니다.

많은 이들이 아직 예수 그리스도를 알지도 못하고, 심지어 교회에 다니면서도 그분을 마치 햇볕을 마주한 저 쌓인 눈처럼 얼굴을 마주하지 못해, 그 은혜의 바로 앞에 있음에도 은혜를 받아 누리지 못하는 안타까운 상황이 너무나 많음을 보게 됩니다.

교회를 다니면서도 '내게는 주님의 은혜가 부어지지 않는다'고 절망하고, 불평하는 이들이 많은 것은 마치 저 눈처럼 햇볕 같은 주의 은혜가 이미 그 위에 있음에도 그것을 바라보지 못하고 있기 때문일 것입니다.

우리가 우리의 삶 가운데 말할 수 없는 차가운 시련의 계절의 한복판에 있다고 생각하고 좌절할 때 바로 우리는 눈을 들어 강렬한 은혜의 빛 되신 주님을 바라보아야 할 것입니다. 말씀에 주님을 빛이라 하신 것은 모든 곳에 동시에 그리고 가장 빠른 속도로 임재함을 뜻한다고 믿습니다.

파라과이에서 가끔 볼 수 있는 멋진 풍광 가운데 하나는 광대한 해바라기밭을 지날 때입니다. 지나면서 엄청나게 많은 해바라기들을 보면, 놀랍게도 그 엄청난 숫자의 꽃들이 일제히 한 방향, 태양을 향해 고개를 돌리고 있는 것을 보게 됩니다.

내일은 내일의 태양이 떠오른다고 말하던 영화 속 한 대사처럼 우리는 매 순간의 주님의 은혜를 갈망하고 바라보아야 합니다. 매일의 만나를 주셨던 것은 주님의 능력이 모자라서가 아니라 우리의 존재 자체가 매 순간의 은혜로만 살아갈 수 있음을 말씀해 주시기 위함임을 믿습니다.

그렇기에 나는 오늘도 오늘의 은혜를 구합니다.
그렇기에 나는 오늘도 오늘의 주님을 바라봅니다.

기도를 계속하게 하시는 이유

금요성령집회 때 주변에 앉아 계신 이들의 기도의 음성이 간절하고 강렬합니다. 아마도 가늠하기조차 힘든 어려운 일들이 그들의 마음을 짓누르기에 그 절박함이 기도의 음성을 그렇게나 키운 것이라 믿어집니다. 대부분 기도의 음성의 크기는 자신들이 처한 고난의 크기와 비례하기 때문입니다.

부르짖는 그들의 기도의 간절함을 느끼며 문득 한 가지 생각을 해보았습니다. '하나님은 왜 저들을 저렇게 기도하게 하시나? 하나님이 저들의 사정을 제대로 잘 모르셔서 좀 제대로 알고 싶어서 자세하고 크게 듣길 원하시기에 그러시나? 아니면 하나님이 그들의 기도 제목의 크기가 너무 거대해서 한 번에는 도무지 해결해 주실 수 없으셔서 저렇듯 오랫동안 그들의 기도를 들으시고 겨우 조금씩 해결해 주시고 계시기 때문인가?' 그러면서 과연 하나님이 그들의 기도를 들어 응답해 주신다면 그 후에 저들은 저렇게 간절하게 기도할까도 생각해보기도 했습니다.

요즘 자주 듣는 찬양 광야의 가사에 이런 내용이 있음을 봅니다. "주님 손 놓고는 단 하루 살 수 없는 곳 광야, 광야에 서 있네" 결국 주님이 원하시는 우리의 삶은, 또한 우리로 기도하게 하시는 이유는 우리가 때로는 너무나 멀리 주님과 멀어져서 주님께 더 이상 기도하지 않는 우리에게 다시 기도의 자리로 나아오게 만드시기 위함과 찬양의 가사처럼 우리는 주님 손 놓고는 단 하루도 살 수 없는 존재임에도 우리가 너무나 자주 그것을 잊어버리고 살기에 주님이 원하시는 삶으로 매 순간 돌아오게 하시기 위함이라고 생각하게 되었습니다.

어린 시절 내 삶의 가장 큰 관심사는 구슬과 종이로 접은 딱지였습니다. 그것을 얼마나 많이 가지고 있는가가 내 삶의 가장 중요한 문제였지만, 지금은 누가 그것을 한 아름 안겨준다고 해도 전혀 반갑거나 기쁘지 않을 것입니다. 왜냐하면 지금 나에게 그것은 아무런 의미도, 중요성도 없기 때문입니다.

우리가 기도할 때 답답하고 응답이 더딘 것에 대한 조바심의 이유는 우리와 주님과의 관심사의 차이 때문일 것입니다. 우리는 지금 당면한 문제의 크기가 내 삶에서 가장 큰 것인데, 주님은 그렇게 생각하지 않으시니 당연히 그런 상황이 벌어질 수밖에 없는 것입니다.

주님의 가장 큰 관심사는 우리의 성공도, 부요함도, 세상의 유명함도 아니고 오직 당신과의 관계이시니 우리의 기도의 제목들을 들으실 때마다 주님은 말할 수 없이 답답함을 느끼실 것입니다.

우리는 우리의 원함만 한가득 기도의 음성에 실어 올려드리지만, 주님은 그중에서 겨우 몇 마디의 음성만을 건져내시는 데 만족하셔야 하시니 결국 우리로 더욱 기도하게 하실 수밖에 없으실 것입니다.

우리가 살아가며 주님과의 관계를 가장 잘 이어가고, 발전시킬 방법은 기도임을 믿습니다. 다른 모든 것들보다 기도만이 유일하게 주님과 나와의 일대일의 대화이기 때문입니다.

주님의 온 관심사가 우리와 주님과의 관계라면 결국 주님은 우리로 계속 기도하게 만드실 것인데, 문제는 우리가 문제가 있을 때만 더욱 간절해지고, 문제가 없이 평안할 때는 기도의 음성도, 시간도, 자리도 줄어들어 버린다는 것입니다.

그럼에도 나는 우리가 주님을 오해하지 말아야 할 줄 믿습니다. 왜냐하면 때때로 우리들은 하나님은 마치 엄격한 심판자요 재판관으로, 우리의 잘잘못을 냉혹하고 철저하게 판단하시고 벌주시는 엄한 아버지로만 생각하기도 하기 때문입니다.

그래서 우리 삶 가운데 조금이라도 어려움이 생기면 그것이 마치 하나님의 작정한 심판이라고만 생각해서 하나님을 두려운 분이라고만 생각하고, 우리 스스로 죄 가운데서 숨어버리는 모습을 보일 때가 많이 있습니다.

하지만 하나님이 정말 그런 분이시라면 굳이 그의 유일한 아들을 세상에 보내시어 우리를 대신하여 죽게까지 하시지 않으셨을 것입니다.

주님은 결코 우리를 죽도록 내버려 두시거나 그렇게 되도록 우리를 벌주시는 분이 아님을 믿습니다. 우리가 정말 그 사실을 알고 믿는다면 우리는 우리의 평강의 날, 감사기도의 날이 계속되도록 이 기도의 음성을 쉬지 않고 올려드려 주님과의 관계를 지속해야 할 것입니다.

그렇기 때문에 '주님을 바라봄'의 중요성은 더욱 빛이 납니다. 매 순간 주님의 눈동자에 내 삶의 초점을 맞추고 그분과의 완전하고 행복한 동행으로 살아가는 것이 온전한 기도요 관계임을 믿기 때문입니다.

1월 23일 / 동행

그 거리를 재어보십시오

노원구 상계동에 있는 예배당에서 말씀을 전하는 시간을 가졌습니다. 가는 길 중간에 자동차 연료 신호등이 켜졌었는데 대수롭지 않게 생각하고 가다가 오는 길에 문득 그게 생각이 나서 급하게 주변의 주유소를 찾았지만, 이미 차는 동부간선도로에 진입하기 직전이라 성남에 거의 다 오기까지 주유소를 길에서 만날 수 없었습니다.

주일 오후인지라 곳곳에서 차가 막히니, 이미 바닥을 가리키는 게이지가 여간 신경이 쓰이는 것이 아니었습니다. 미리 기름을 넣었더라면, 적어도 가는 길에 그 신호가 왔을 때 주변에 있던 주유소에서 기름을 넣었더라면 하지 않아도 될 걱정을 하게 된 것입니다.

그러면서 '우리 인생에도 저런 게이지나 신호가 있으면 어떨까'라는 생각을 해 보았습니다. 지금 내 상태가 어떤지, 문제가 있어 인생의 고비가 곧 다가옴을 게이지로 표시해 주거나 정말 무슨 중차대한 문제가 발생하였음을 알려주는 신호가 분명하게 우리 눈에 보인다면 어떨까 하는 생각을 해 보게 된 것입니다.

우리는 미래를 알지 못하는 존재이지만, 그 미래를 알 수 없음을 핑계로 미래를 준비하는 것보다 오히려 그 미래가 나와는 아무 상관도 없는 것처럼 아무 준비도 하지 않고 살기도 합니다.

때로는 천년만년 살 것처럼 살기도 하고, 때로는 미래에도 지금처럼 아무런 희망도 다가오지 않을 것처럼 절망하며 살기도 합니다. 그 중요한 이유는 바로 그런 것을 나타내고 표현할 게이지와 신호가 우리 가운데 탑재되어 있지 않다고 생각하기 때문입니다.

마찬가지로 우리와 주님과의 관계도 이처럼 객관화할 수 있는 지표나 수치나 게이지가 없다고 믿기에 때로는 나와 주님과의 관계와 거리를 오인해서 근거 없는 자신감으로 마치 주님과 가까운 것처럼 착각하거나 바로 근거리에 계신 주님을 발견하지 못해 주님이 영영 자신을 떠나 버렸다고 착각하여 슬퍼하기도 합니다.

그런 모든 이유 때문에 주님과의 동행의 중요성이 드러납니다. 늘 주님과 함께라면 주님과의 거리를 걱정할 이유가 없기 때문입니다. 내 몸에 붙어있는 내 몸의 일부는 이미 나와 함께 있기 때문에 나와의 거리를 염려할 필요가 없는 것과 같은 이치입니다. 그 주님과 내가 늘 동행한다면 그 게이지 바늘도, 그 신호 표시도 내게는 더 이상 중요할 이유가 없을 것입니다.

내 삶에서 염려와 근심이 나를 집어삼키는 것 같을 때 우리는 주님과 나와의 거리를 재 볼 필요가 있습니다. 만약 그 주님이 바로 내 곁에 계심이 분명하게 느껴지고 그 거리가 재어진다면 염려와 근심은 이미 승리하신 주님의 이름으로 넉넉히 이겨낼 수 있을 것이라 확신합니다.

오늘 하루를 닫으며 주님의 임재를 끌어안습니다. 그 품에 안겨 나를 향하신 그 무한하신 사랑의 마음을 내 두 손으로 가득 담아 올려 내 가슴에 채웁니다.

1월 25일 / 은혜

그 은혜로 더 가까이

청계산에 올랐습니다. 출발해서 갈 때와 산 아래에서는 비가 내려 돌아갈까도 생각했었는데, 이왕 온 김에 정상까지 갔다 오자는 마음으로 걸음을 떼었습니다. 계단이 많아 처음에는 적지 않게 힘이 들었는데 금세 익숙해져서 정상까지 큰 어려움 없이 도달할 수 있었습니다.

비가 내리던 산 아래와는 달리 산 위는 눈이 내렸습니다. 싸라기 눈이 낙엽에 내리는 소리가 어찌나 좋은지, 걷다 서서 한참을 듣기를 여러 번 하였습니다.

눈이 내리고 쌓이는 산머리와 달리 산에서 거의 다 내려오자 눈은 비로 바뀌어 내리는 것을 보게 되었습니다. 차별을 두어 산에만 눈을 뿌리고, 들에는 비를 뿌리는 것이 아니라 구름에서 내릴 때는 모두 눈이지만, 고도가 높고 추운 산에는 그대로 눈인 상태로, 지대가 낮고 따뜻한 산 아래는 비의 모습으로 내려와 앉았을 것입니다. 처음엔 같았으나 결론이 전혀 다른 이 둘의 차이의 이유는 처음 떠난 구름과의 거리 때문일 것입니다.

아름다운 모습과 소리를 가진 눈을 맞고, 그 소리를 들으며 많은 생각을 해 보았습니다. '저 내리는 눈은 마치 주님의 은혜와 같겠구나.'

주님은 모든 이에게 당신의 은혜를 부어주시는데 어떤 이는 아름다운 눈송이 같은 은혜를 받는 이가 있는가 하면, 어떤 이는 부어주시는 주님의 눈송이 같은 은혜를 전혀 받지도, 느끼지도 못 하겠다는 생각을 해 보았습니다.

하나님이 지으신 피조물 된 우리는 모두 주님의 은혜를 받을 자격이 있는 그분의 자녀임에도 왜 이렇게 차이가 있을까를 생각해보면, 역시 눈과 같이 동일하게 그 거리와 무관하지 않다는 생각을 가지게 됩니다.

주님은 나에게 한없는 은혜를 부어주심에도 내가 싫어서 주님을 떠나 멀어지면 그 은혜가 내게 임할 수 없겠다는 생각을 하게 됩니다. 그 은혜를, 그 충만하신 은혜를 내 삶 가운데 온전하게 받아 누리려면 나 역시 그 주님께 가까이, 더욱 가까이 다가가야 함을 믿습니다.

그렇기에 주님과의 동행은 이렇게나 중요한 줄 믿습니다. 은혜를 부으시는 그 주님께 더욱 나아가 그분과 온전한 동행의 걸음을 디디면 내 삶은 그분의 은혜로 충만하여질 줄 믿습니다.

그렇기에 오늘도 그 걸음을 걷습니다. 내 곁에 계신 주님께 내 영의 눈을 맞추고, 그분의 걸음에 내 삶의 보폭을 맞추고 걸으며, 그 충만하신 은혜를 사모합니다. 아멘 그렇습니다. 그 은혜로 나는 오늘도 감사로 하루를 살아냅니다.

1월 26일 / 내려놓음

못된 버릇

나에겐 '못된 버릇'이 있습니다. 무언가 필요의 상황 가운데 자꾸 두리번거리며 사람에게서 그 해결점을 찾으려 한다거나, 스스로 그 문제를 어떻게든 해결하려 하며 그 상황을 통해 역사하실 주님의 일하심의 기회를 '도둑질'하는 것입니다.

주님은 은혜를 부으셔서 한 사람이나 교회가 주님께 헌신함으로 받을 복을 예비하시고 그 일을 진행해 나가시려는데 나는 자꾸 그 주님의 마음을 읽지 못하고 기다리지 못해 내 마음대로 행동하거나 사람에게서 그 답과 도움을 구하려 하는 것입니다.

시키시면 순종하는 부분도 분명 있으나 때때로는 그것이 너무 성급해 주님보다 앞서는 경우가 있음을 보게 됩니다. 오후에 만난 한 분 목사님과의 대화 가운데 그에 대한 분명한 주님의 음성을 듣고 다짐하게 합니다.

"목사님이 하시나요? 하나님이 하시지요."

물론 그 목사님은 자신의 간증이었지만, 그 순간 내게 들린 것은 주님의 일하심을 또 도둑질할 뻔한 것이라는 주님의 음성이었습니다.

이 '못된 버릇'을 내 안에서 온전히 뽑아내길 갈망합니다. 이미 계획하시고 일하시는 주님께 온전히 집중해서 주님의 계획을 발견하고 그 안에서만 움직이는 내가 되길 소망합니다. 그렇습니다. 오직 그리되기만을 원하고 또 원합니다.

주님과 나 사이에 낀 그 무엇을 성령의 바람으로 날리소서

새벽에 출발하여 시골집에 명절을 지내려 내려왔습니다. 오랜만에 동생 가족들도 만나고 함께 가까운 바닷가를 다녀왔습니다. 오늘은 미세먼지가 전혀 없는지 근래 본 하늘과 산들 중에서 가장 맑고 깨끗하게 보였습니다.

날씨 정보에도 시야가 무제한이라고 뜨는 것을 보니 그렇게 보인 것이 오늘 눈 컨디션이 좋기 때문만은 아님을 알 수 있었습니다. 어느 날은 겨우 뿌옇게 보이던 풍경이 어떤 날에는 매우 맑게 보이는 것은 그 산이 날마다 다른 밝기를 가지고 있기 때문이 아닐 것입니다.

산은 언제나 그대로 자신의 모습을 유지한 채 그 자리에 있었지만, 내 눈과 그 산 사이의 공기의 어떠함이, 내 눈에 보이는 산의 밝기가 다르게 만든 것일 것입니다.

이렇듯 우리 눈에 보이는 매번 다른 풍경은 풍경의 변화가 아닌 그 풍경과 나 사이의 보이지 않는 그 무엇의 변화 때문일 것입니다.

그것은 비단 풍경뿐만 아니라 나와 주님에도 동일하게 적용될 것입니다. 주님은 시마다 때마다 변화하는 변덕스러운 우리 마음과 같지 않으셔서 매 순간 동일한 사랑의 총량을 품으신 채 우리를 바라보고 계시지만, 우리는 우리의 마음과 생각에 온갖 더러운 이물질로 필터링한 채 주님을 바라보니까 때로는 주님이 가깝게, 때로는 멀게 느껴지는 것입니다.

날씨가 풀리면 옆 나라에서 날아온 미세먼지가 가득하다가도, 날씨가 추워지면 먼 북쪽에서 밀고 내려오는 차가운 공기들이 미세먼지를 머금은 공기를 밀어내는 것처럼 내 안에 주님과 사이에 가득 찬 삶의 먼지들을 밀어낼 바람이 분다면 더할 나위 없이 맑고 밝은 모습으로 주님과 얼굴을 맞댈 것입니다.

그 바람은 오직 한 가지, 성령의 바람뿐일 것입니다.

성령의 바람이 내 삶에 휘몰아쳐 내 안에 온갖 더럽고 추한 것들을 다 밀어내 버리면 나는 내 주님을 가장 맑고 밝게 바라볼 수 있게 될 것입니다.

오늘도 그 성령의 바람이 내 안에 휘몰아치길 갈망합니다. 그 바람이 내 안에 충만하여서, 내 안의 모든 더러움을 씻어내시어, 나와 주님과의 사이에 아무 막힘 없이 그분을 바라보길 소망합니다.

아멘 그렇습니다. 그 바람이, 그 성령의 충만함이 내게 임하소서. 임하시옵소서!

그 길을 누구와 걷고 있습니까?

산을 다니면 수많은 갈림길을 보게 됩니다. 길이라는 게 출발하는 지점에서 목표하는 지점까지 갈 수 있도록 만든 것이기에 어느 노선은 짧지만 험한 곳이 있는가 하면, 어느 노선은 평탄하고 수월하지만 대신 거리가 조금 더 먼 길도 있음을 보게 됩니다.

성경에도 길이라는 단어가 수없이 나오는 것을 보게 됩니다. 마가복음 10장에서 등장하는 예수를 만나는 각기 다른 세 사람이 만난 곳도 모두 길이라고 기록하고 있는 것은 아마도 동일한 '길'이라는 장소에서 만난 세 사람이 예수의 동일한 질문인 "네게 무엇을 하여 주기를 원하느냐"라는 물음에 모두 다른 답을 하는 것을 통해 주님이 우리에게 무슨 답을 듣길 원하시는지를 말하려 함이라 믿습니다.

길이 의미하는 것은 '일상성'이라 생각됩니다. 매일 아침부터 저녁까지 우리가 서 있는 모든 삶의 현장이 길이기 때문입니다. 그렇기에 마가복음에서 말한 길에서 만난 예수님은 우리의 모든 삶의 자리에서 예수님을 만날 수 있고, 만나야 함을 말씀하고 있는 것이라 믿습니다.

그렇게 예수님을 만나 그분과 함께 하루의 삶을 살아내는 것을 우리는 주님과의 동행이라 부를 수 있을 것입니다. 주님은 그렇게 우리의 삶의 자리에서 우리와의 동행의 일상성을 말씀하시고자 한 것일 것입니다.

또한 주님은 그 일상성을 뛰어넘어 자기 자신을 그 길이라 부르길 원하셨습니다. 자신을 길이요 진리요 생명이라 부르신 것은 단순히 오고 가다 만나 인사하고 헤어지는 정도가 아니라 자신과의 완전한 합일, 완전한 하나 됨으로 나아가는 것까지 말씀하시는 것일 것입니다.

누군가를 너무나 좋아한다면 그의 사소한 모든 것까지 함께하고 싶어하는 마음이 우리 안에 내재되어 있는 것은 주님과 나와의 관계도 그리해야 한다고 말씀하시기 위해 우리를 지으실 때부터 디폴트 값(기본값)으로 우리 안에 심겨 주신 주님의 속성이라 믿습니다.

산을 걷다 많은 생각을 합니다. 이 모든 길은 반드시 누군가 처음 간 사람이 있을 것이다. 그는 이 길을 처음 가며 개척해 나갈 때 무슨 생각을 했을까? 자신의 수고로움이 뒤에 올 수많은 사람에게 얼마나 큰 도움이 될지 생각은 했을까? 그리고 나처럼 수월하게 이미 난 그 길을 걷는 사람들은 첫 사람에 대한 감사한 마음이 얼마나 있을까?

이 길을 처음 낸 사람이 자신의 수고로움에 대한 보상을 받기 위해 그 길가에 서서 우리에게 통행료를 받지 않는 것처럼 어디로 가야 할지 알지 못해 헤매고 있는 우리의 인생 가운데 찾아오셔서, 이미 앞서 길을 내시고, 친히 어깨동무를 하시고 같은 걸음을 내시는 주님은 아무 대가도 요구하지 않으시고, 되려 자신의 생명을 주신 분임을 믿습니다.

그 주님으로 인해 나는 오늘도 나의 삶의 한자리에 내 고된 발자국을 남깁니다. 그리고 내 작은 발자국 옆에 당신이 새기신 묵직한 그 자국에 안심하며 안식을 얻습니다.

2월 4일 / 순종

신을 벗었습니까?

오늘은 일이 있어 산에 가기 어려울 것 같아서 아침에 게스트하우스 비상계단을 오르고 내렸습니다. 계단을 오르고 내리며 말씀을 묵상하는 가운데 시내산에서 모세를 만나시는 하나님을 생각해보았습니다.

하나님은 모세를 만나서서 첫 번째로 모세에게 요구한 것은 그의 발에서 신을 벗으라는 것이었습니다. 왜 하나님은 모세에게 신을 벗으라고 요구하셨을까? 다른 근사하고 멋진 요구도 있었을 텐데 예나 지금이나 그다지 좋은 대접을 받지 못하는 신발에 관해 요구하신 이유를 생각해보았습니다.

신은 신분을 상징하는 것이니까 하나님을 만난 모세의 신분이 바뀌었다고 흔히들 말하지만, 조금 더 묵상해 보면 신이 가지고 있는 뜻에 대해 생각하게 됩니다.

신은 아침부터 잠들기 전까지 우리 삶의 모든 순간을 함께 하는 동반자로 때로는 좋은 곳에 가기도 하지만, 때로는 가지 말아야 할 곳도 가는 존재라고 생각합니다. 어떤 사람은 예배당에 예배하러 갈 때 신었던 신을 술집 같은 타락한 곳에 신고 가기도 하기 때문입니다.

그렇다면 신을 벗으라는 것은 자신의 그런 삶을 이제는 끊어 버리라는 것을 의미한다고 믿습니다. 네 발의 신을 벗으라는 말씀은 너의 지난 삶의 모습과 태도를 버리고 이제 새 삶을 시작하라는 의미일 것입니다.

예수를 믿어도 여전히 과거의 삶의 모습을 끌어안고 사는 것은 낡은 옛 신을 그대로 신고 걷는 것과 같을 것입니다.

헌신짝 버리듯 버려야 합니다.

물자가 귀하던 그 옛날에도 낡고 헌 신은 아무 가치가 없으니 과감히 버리라는 말이 있었던 것처럼 과거의 삶, 예수를 믿어도 변화되지 않고 내 고집대로 사는 삶을 단호히 던져 버려야 할 것입니다.

그리고 만약 신을 벗었다면 모세는 어떤 상황이 되는가를 생각해 보았습니다. 아직 가보진 못했지만, 익히 상상할 수 있는 것은 시내산이 고운 모래사장이나 향기로운 꽃동산이 아닌 거칠 대로 거친 바위와 돌들이 널린 지형이라는 것입니다.

그런 곳에 신을 벗어버린다는 것은 한 발자국도 내디딜 수 없는, 스스로 꼼짝도 할 수 없는 멈춤의 상태로 머문다는 것을 의미할 것입니다.

주님이 모세에게 신을 벗으라고 하는 것은 그 험한 지형에서, 신이 없으면 도무지 움직일 수 없는 그곳에서 주님 자신이 그를 위한 새 신이 되어 주든지 아니면 어떤 방향이 되든지 주님 스스로 모세의 해결책이 되어 주겠다는 말씀일 것입니다.

신을 벗으라고 해서 벗었는데 아무 대책도 없이 나 몰라라 하면 신을 벗을 수도 없을뿐더러 주님은 결코 주님 되심이 아닐 것입니다. 결국 주님의 명령은 순종하는 모세를 주님이 책임져 주시겠다는 것입니다.

주님은 때때로 우리에게 동일하게 신을 벗으라고 말씀하십니다. 과거의 잘못된 습관이나 말씀대로 살지 못하고 내 멋대로 사는 삶의 종식을 요구하시는 것이며, 스스로가 아닌 오직 주님이 책임져 주시는 능력으로 살아가길 요청하시는 것일 것입니다.

내가 끌어안고 애착하는 낡은 신발의 이름은 무엇인가?
무엇 때문에 그것을 끌어안고 버리지 못해 안달하는가?
또한 내가 주님이 아닌 스스로 의지하는
내 안의 그 신발의 이름은 무엇인가?

조용히 주님 앞에 그것들을 내어 드립니다. 낡고 더러워 냄새나는 그것들을 주님은 말없이 거두시어 성령의 불로 태우실 것입니다. 그리고 세상의 그 어떤 것보다 아름답고, 안전하고, 분명한 당신의 새 신을 신겨 주실 것입니다.

아멘. 그렇습니다. 주님. 그 생각만 해도, 생각만으로도 나는 가슴이 뜁니다.

part 4

주님만 내게 오소서

주님 손에 있어야 합니다

한국을 방문하는 동안 닫혀 있던 선교센터 내 선교사 숙소를 청소하기 위해 다녀왔습니다. 3개월간 여름을 지난 그곳의 상황은 사람 키만큼 자란 풀들로 가득했습니다. 풀을 뽑고 떨어진 나무가지들을 모아 태우며 열심히 청소했더니, 제법 깨끗하게 정리된 것을 볼 수 있게 되었습니다.

3개월의 방치, 즉 내버려둠은 그곳을 보기에 엉망인 상태로 만들어 버렸음을 보며 밭을 망치는 가장 확실한 방법은 내버려둠, 즉 유기(遺棄)임을 생각하게 됩니다.

세상의 많은 사람들은 하나님에 대하여 듣는 것을 매우 강력하게 거부하고, 더군다나 그분의 섭리를 간섭이나 구속으로 생각해서 더욱 싫어함을 보게 됩니다.

심지어 믿는다고 하는 이들 가운데도 하나님의 존재를 매우 불편하고 어려운 존재로, 그분의 인도하심과 이끄심을 동일하게 간섭이나 구속으로 생각하기도 합니다. 그래서 가능한 대로 하나님과의 적절한(?) 거리를 두기를 원하고, 심지어는 하나님은 그저 내 삶에 복이나 주고 나는 살고 싶은 대로 살 테니까 제발 간섭하지 말라고 외치기도 합니다.

"하나님은 제발 날 가만 내버려두세요.

난 내가 하고 싶은 대로 살겁니다."

이는 우리의 조상 대대로 우리 유전자 안에 각인된 무속신앙, 즉 나는 내 생각대로, 나 하고 싶은 대로 살 테니까 무속의 신은 무당이 잘 달래거나 겁박하여 내게 해코지하지 않고 복이나 주는 존재로 남길 바라는 그 종교적 습성과도 같습니다.

그 습성을 예수 믿고 나서도 버리지 못하고 끌어안고 살면서 여전히 그 패턴대로 신앙생활을 하니까 자신과 하나님과의 관계도 거기에 머물 수밖에 없는 것입니다. 스스로 유기됨을 바라는 것입니다.

유기는 가장 빨리 밭을 망쳤던 것처럼 우리를 가장 빠르고 효과적으로 망가트립니다. 주님의 손에서 우리가 놓여지는 순간, 우리는 바로 생명을 잃고 부패할 것입니다.

하지만 복음은 그런 우리를, 그렇게 거부하고 완강하게 저항하는 우리를 주님이 결코 내버리시지 않는다고 말합니다. 때로는 우리 주변에 정말 못된 이들을 볼 때면, 그런 사람도 주님이 사랑하신다는 말을 들을 때면 우리 마음이 유쾌하지 않습니다.

저 사람은 당장 망해도 될 사람인데, 아니 진즉에 망했어야 할 사람인데도, 여전히 주님이 그 손을 놓지 않는 것을 보며 우리는 도무지 주님의 마음을 다 이해할 수 없어 불만을 쏟아내기도 합니다.

"주님, 언제까지 그런 사람을 붙잡고 계십니까?

주님은 그 사람이 얼마나 악한지 정말 모르십니까?"

그러나 주님이 인내와 사랑이 없으셨다면 우리는 진즉에 먼저 유기되었을 것입니다. 우리는 스스로 생각하기에 적어도 나는 저 사람들보다는 나은 사람이라고, 적어도 나는 그들과는 같지 않다고 자부하며 살지만, 주님의 대답은 분명히 "결코 아니라!" 일 것입니다.

우리도 그들과 다를 바 없는 말할 수 없는 죄인이요, 십자가의 맹목적인 사랑이 없었으면 도무지 구원의 가능성이 보이지 않는 구제 불능이었습니다.

그렇게 겨우겨우 구원받은 우리가 무슨 자격으로 다른 이들을 재단하고 평가할 수 있겠습니까? 그런 우리가 어떻게 그 크신 주님의 사랑으로, 그 악하다고 생각한 이들을 품는 그 주님의 마음에 항의할 수 있겠습니까?

자녀를 키워 본 부모는 잘 알 것입니다. 자녀가 부모에게 "제발 날 좀 가만 내버려두세요. 날 간섭하지 마세요. 나는 내 하고 싶은 대로 할 거예요"라고 말하는 때를 말입니다.

자녀들의 사춘기를 아는 부모는 폭풍 같은 시기가 그리 길게 가지 않는다는 것도 잘 알기에 그 순간을 인내와 이해로 용납하고 지내줍니다.

많은 이들이 '영적인 사춘기'를 지나고 있음을 보게 됩니다. 주님도 이들을 바라보시는 마음이 동일하실 것이라 믿습니다. 그때가 지나면 언제 그랬냐는 듯이 영적인 사춘기 순간을 말없이 용서하고 용납한 아버지의 품으로 파고들 것입니다.

나는 오늘도 나 자신을 돌아봅니다. 그리고 나는 지금 어디쯤 서 있는지 돌아봅니다. 그런 후에 이런 나를 깊은 미소로 바라보시는 주님의 품에 조용히 안깁니다.

3월 9일 / 성령

성령의 단비, 우리의 굳은 심령을 녹이십니다

교회 울타리의 기둥 나무들이 오랜 시간 땅속에 묻혀 있다 보니 조금씩 삭아서 결국은 몇 개가 부러져 제 기능을 못 하기에 모두 걷어내고 새롭게 콘크리트 기둥으로 교체하고 새 울타리를 치는 작업을 시작했습니다.

먼저 기둥을 세울 구덩이를 파고, 그곳에 콘크리트 기둥을 세우고, 모래와 자갈과 시멘트를 섞은 모르타르를 부어 굳힌 후, 울타리 밑에 몇 줄의 벽돌을 쌓기 위해 기초를 파고, 그곳에 압축벽돌을 옆으로 쌓아 튼튼하게 기초를 삼고, 그 위에 철근을 깔고 그 철근 위로부터 벽돌을 쌓은 후, 마지막으로 철망을 치면 되는 작업입니다.

그 첫 작업은 바로 구덩이 파기인데 유난히 덥고 가물었던 때문인지 땅이 얼마나 단단한지 좀처럼 파지지 않아서 결국 곡괭이로 어느 정도 판 후, 그곳에 물을 붓고 한동안 기다린 후, 물이 스며들어 땅이 부드러워지면 다시 그 물이 스며든 만큼의 땅을 파내고, 다시 물을 붓고 파내는 방식으로만 일이 진행되었습니다.

돌처럼 단단히 굳어진 땅에 물이 스며들자 놀랍게도 언제 그랬냐는 듯이 부드러운 땅으로 변하는 것을 보면서 때로는 사람들의 마음도 저 땅과 같아서 단단히 굳어져 도무지 아무 변화의 가능성이 보이지 않을 때가 있었으나 그런 마음에도 성령의 단비가 내리면 언제 그랬었냐는 듯 한없이 부드러워 모든 것을 용납하는 스펀지 같은 마음이 되고야 만다는 것을 생각하게 되었습니다.

때때로 삶의 무게와 상황과 환경의 척박함이 우리로 말할 수 없이 강퍅하게 만들지만, 생명수 되신 주님의 성령이 우리 가운데 충만히 임하시면 그 돌 같은 내 마음도 한없이 부드러운 옥토가 될 줄 믿습니다.

3월 12일 / 결심

매 순간 뽑아내야 합니다

수년 전 집 옆에 화단으로 사용하려고 흙을 쌓아놓은 곳에 심지 않은 작은 나무 싹이 트더니 금세 자라는 것을 보았었습니다. 처음에는 잘 모르겠으나 어느 정도 자라면 그 나무가 무슨 나무인지 알 수 있기에 두고 보았더니 파라과이에서 흔히 자라는 '잉가'라는 나무였습니다.

이 나무에는 콩깍지 모양의 열매가 열리는데 그 안에는 제법 먹을 만한 것이 들어있기에 화단의 다른 풀이나 잡목의 작은 순들이 모두 뽑힐 때도 건드리지 않고 내버려두었더니 금세 자라나 몇 해 사이에 매우 큰 나무로 성장했습니다.

나무가 너무 빨리 자라다 보니 열매를 따 먹기에는 너무 높게 위치해서 힘들기도 하지만 그보다 더 큰 문제는 자라나는 뿌리가 옆으로 뻗어가 집 건물에 해를 끼치는 것입니다. 결국 제거해야만 하는 상황에까지 가게 되었습니다.

그런데 어릴 때는 한 손으로도 쑥 뽑을 수 있던 그것이 오랜 시간 내버려두어서 자라날 시간을 충분히 주었더니 이제는 도무지 사람의 힘으로는 어찌할 수 없는 상황이 되어 결국 전기톱을 동원해서 잘라내야 하는 상황이 되어버렸습니다.

그것이 막 자라나기 시작할 때는 쉽게 제거할 수 있어서 대수롭지 않게 여기고 내버려두었다가 결국 어찌할 도리가 없는 상황에까지 이르게 된 것입니다. 처음에는 그것으로 인해 뭔가 보암직하고 먹음직한 것을 얻을 수 있을까 하여 제거하지 않고 내버려두었다가 결국 그것으로 인해 얻기는커녕 도리어 해를 입게 되는 것, 언제 어떻게 자라나는지를 눈치채지 못해 무심코 지나가며 가끔 쳐다보았다가 어느 날 문득 보니 너무 자라나서 내 힘으로는 도무지 해결할 수 없는 것, 비단 나무만을 말하는 것이 아니라 바로 내 안에 있는 '죄'의 모습일 것입니다.

처음에 내 안에 자리한 그 죄의 '미미함'은 나로 그것을 대수롭지 않게 여기게 만들고, 언제든지 '마음만 먹으면' 쉽게 제거하거나 컨트롤할 수 있다고 생각하게 만들지만, 그것이 내 삶의 자리에서 깊숙이 뿌리내리고 자라나면 결국 나 자신도 어찌할 수 없는 지경에 이르게 되는 것을 보게 됩니다.

심지어 그것이 보암직하고 먹음직스러워 일부러 그것을 제거하는 것을 주저하고, 은밀히 방치하여, 결국 그것이 나와 나의 삶을 삼켜 버리는 지경에 이르게 되기도 합니다.

죄는 그 자라남의 속도가 너무나 더딘 것 같아 마치 내 안에서 멈춘 듯 보이는 착각을 불러일으켜, 경각심을 누그러트리고, 그 사이에 무서운 속도와 꾸준함으로 내 안에서 성장해서 내 힘으로는 도무지 어찌할 수 없는 지경까지 자라납니다. 결국 그 나무의 뿌리처럼 죄는 내 삶에 파고들어 내 삶을 무너트리고 망가트리는 데 최선을 다할 것입니다.

방법은 단 하나, 지금 당장 그 죄의 몸통을 잘라내고 그 뿌리를 뽑아내야 합니다. 그루터기를 남겨두면 그 자리에서 끈질기게 다시 자라나 금세 그 전의 모습으로 복구할 것이기에 그 잔뿌리까지 모두 온전하게 제거해야 할 것입니다.

오늘도 나는 나의 삶을 점검합니다. 내 안에 그렇게 움트고 있고, 마치 자신은 아무것도 아니라는 듯 수줍게 손사래 치며 웃고 있는 그 악한 떡잎들을 찾아봅니다. 그것들이 보이는 즉시 아무런 망설임 없이 두 팔을 걷어 올리고 온 힘을 다해 그것들을 내 안에서 뽑아냅니다.

내 마음밭은 그 온갖 더러운 것들이 함부로 자라나는 들판이 아니라 온전히 주님의 말씀이 심겨지는 초장이 되길 원하기 때문입니다. 그렇습니다. 주님. 내 안에 온전히 당신의 말씀으로만 채워져 그 어떤 악한 싹도 뿌리내리지 못 하게 하소서.

3월 19일 / 구원

한 영혼을 구원으로 인도할 수 있다면

작년에 났던 교통사고에 대한 결론이 오늘 나게 되었습니다. 상대방의 신호위반으로 일어났지만, 용서의 마음으로 각자의 차량은 각자가 수리하는 것으로 말했는데도 고소까지 해서 법정까지 서게 한 사람의 태도가 너무 괘씸했지만, 그 역시도 용납해야 한다는 마음을 어렵게 순종하고 법정에 섰을 때 1심에서 승소를 하게 되었었습니다.

그런데도 그것을 승복하지 못한 상대방은 재심까지 가게 되고, 결국 재심에서도 승소를 하게 되어서 이제는 나에게 고스란히 다 물어 줘야 하는 상황에까지 가게 되었습니다.

우리 변호사는 그간의 그 사람의 행태가 괘씸해서인지, 조목조목 전부 다 청구하게 되었고, 그 비용이 차량 가격보다도 더 높게 나오자 그동안 연락조차 없던 이가 바로 전화를 해서 자신의 사정을 구구절절 읍소하기 시작했습니다.

참으로 황당하고 괘씸했지만, 그 역시 이 일을 통해 진정한 용서의 마음이 그리스도의 마음에서 나온다는 것을 보여주고, 그도 구원으로 인도할 필요가 있음을 믿기에 그가 하자는 대로 수리비의 절반만 받고 손해배상을 철회하는 것으로 마무리했습니다.

비록 금전적으로 많은 손해가 있었지만, 그가 주님의 용서의 마음을 조금이나마 흉내 낸 이 일을 통해 주님을 향해 마음이 열리고 영접하는 일이 일어나기만 한다면 그 손해가 결코 손해가 아닌 큰 감사의 제목이 될 줄 믿습니다.

지금 법원에 계류 중인 여러 가지 일들이 이 일처럼 한 영혼을 용서하고 구원하는 일에 쓰임 받는다면, 지금 내가 겪는 이 모든 마음의 고통들이 결코 의미없는 것이 아닐 것임을 믿습니다.

다만 지금 내 마음에 겪는 이 고통과 억울함이 분노로 이어지지 않고, 주님의 은혜 가운데 견딜만한 통증으로 지내지길 기도합니다.

영적 고산증

처음 출간된 책의 저자사진은 몇 해 전 볼리비아의 소금 사막에 갔을 때 어느 길에서 찍은 사진이었습니다. 남미에는 아름답고 경이로운 풍경이 적지 않게 있지만, 다녀 본 곳 중에는 안데스의 거대하고 광활한 모습이 가장 기억에 남습니다.

특별히 중부 안데스 고지대의 소금 사막과 주변 화산의 모습은 마치 우주의 어느 별 위에 서 있는 듯한 느낌을 줄 정도로 경이롭기만 합니다.

물이 살짝 고인 새 하얀 소금 벌판에 서 있노라면, 발밑으로 물에 고스란히 비친 하늘 위에 마치 내가 서 있는 듯한 착각이 들 정도로 환상적이고, 화산지대의 수많은 원색의 호수들에는 분홍색의 플라밍고 수천수만 마리가 거니는 광경이 더 없는 아름다움을 안겨 줍니다.

하지만 이렇게 아름다운 곳임에도 다시 또 가라 하면 망설여집니다. 이유는 고산증 때문입니다. 3천 미터 중반대까지만 해도 어느 정도 괜찮은데 4천 미터를 넘어가면 숨쉬기도 힘들고, 제대로 먹지도, 잠을 이루기도 힘들기에 고산증은 그 아름다운 풍경을 만끽하는 데 가장 큰 장애물이 됩니다.

심지어 5천 미터 대까지 올라가면 걷는 것조차 숨이 차고 만사가

다 귀찮아지는 것을 경험하게 됩니다. 다큐멘터리에서 히말라야의 8천 미터급 산들을 오르는 사람들을 보면 그들의 의지가 얼마나 대단한지를 너무나도 크게 느끼게 됩니다.

고산증은 한마디로 산소가 부족해서 생기는 증상으로 고지대의 공기가 저지대보다 희박하니 발생하는 것입니다. 한국에서야 그렇게 높은 곳이 없으니 한 번도 경험해 보지 못했다가 처음 겪은 그 당혹감은 이루 다 말로 할 수 없을 지경이었습니다.

눈에 보이지 않는 그 미세한 산소의 농도의 차이가 한 사람의 활동 전체에 영향을 끼치는 것처럼 우리 안에 임재하시는 주님의 은혜의 분량은 우리의 삶의 모두를 결정해 나갈 줄 믿습니다.

충분한 산소가 공급되어 활동에 전혀 문제가 없는 것처럼, 주님의 은혜가 삶에 충만하여 영육 간에 풍성함으로 살아갈 수도 있고, 반대로 주님의 은혜가 도무지 그 삶 가운데 드러나지 않아서 겨우겨우 신앙의 숨을 헐떡이는 삶을 살 수도 있을 것입니다.

이는 주님의 은혜가 모든 사람에게 충만하게 부어주시기에는 그 총량이 부족해서, 선택된 몇 명에게만 채우실 정도로 적어서가 아니라 이미 모든 이에게 넘치도록 부으실 만큼 넉넉하신 그 사랑을 우리에게 약속하셨으나 단지 우리가 그것을 다 받아 누릴 만큼의 영적 고도, 영적 거리에 있지 않기 때문일 것입니다.

고산증을 치료하는 가장 확실하고 간단한 방법은 산소가 풍부한 지역으로 이동하는 것인 것처럼 우리 삶에 주님의 은혜가 너무 희박하다고 느껴지면 그 즉시 우리는 은혜가 충만한 자리로, 주님과 더욱 가까운 거리로 이동하면 될 것입니다.

하지만 너무나도 많은 사람들은 억지로 그 자리를 고수하며 '영적 고산증'을 견디며 살아갑니다. 이유는 한 가지, 은혜의 자리로, 주님께로 나아가려면 지금 내가 서 있는 내 자리, 내 마음대로 내 생각대로 살아가는 이 삶을 바꿔야 하기 때문입니다.

이는 마치 우리 조상들이 맹신했던 무속의 모습, 즉 나는 나 하고 싶은 대로 살며 변하지 않을 테니 무당이 귀신을 잘 달래든, 협박하든 해서 그저 나를 돕고 해코지하지 않으면 된다는 영적 DNA가 우리 안에 유전되고 있는 것과 같은 모습일 것입니다.

고산증에 걸렸으면 그 즉시 내려와야 하는 것처럼, 영적 고산증에 걸렸으면 당장 그 즉시 공급의 자리, 주님과 가까운 거리, 영적 고도로 이동해야 합니다.

그렇기에 나는 오늘도 내 삶의 영적 고도계를 꼼꼼히 점검합니다. 그리고 주님과의 거리가 몇 뼘이나 되는지 손을 대 봅니다. 그때 그 손을 맞잡으시는 주님의 미소에 꼭 안기길 소망합니다.

그 무엇도 주님을 향한 내 마음보다 크지 않게 하소서

계절이 바뀌려는지 코끝에 느껴지는 대기의 기운이 선선하게 다가옵니다. 계절이 변하여도 언제나 마음 깊은 곳으로부터 변함없이 동일하게 갈망하는 것은 주님과의 온전한 동행입니다.

특별히 일상이 분주하고 고단한 가운데도 그 끈을 놓지 않으려 부단히 애를 쓰고 또 애를 씁니다. 그렇지만 가끔은 그 애씀을 놀라울 정도로 감쪽같이 잊을 때도 있음이 내게는 더 없는 부끄러움입니다.

그러나 곧 주님이 당신의 온 존재를 내 온 마음 가운데서 요동하시며 드러내시기에 그 망각의 시간이 결코 길지 않음이 내게 가장 큰 은혜임을 믿게 됩니다.

그럼에도 내게 가장 큰 방해가 되는 것은 해야 할 일, 그것도 꼭 내가 내 손으로 해야 할 것이라고 눈에 보이는 것들이 너무 많다는 것입니다.

그 일을 하는 동안에는 정말 최선을 다하려는 습관을 따라 쉬지도 않고 매진하다 보면 주님의 이름을 부르는 것을 잊어버린다는 것을 발견하게 됩니다.

그렇다고 주님의 이름을 부르기 위해 일하지 않고 손을 놓고 가만히 있는 것이 과연 옳은가를 생각해보면 선뜻 그렇다고 말할 수 없기에 깊은 묵상으로 답을 구하게 됩니다.

이에 대해 주님은 '과연 그 일이 꼭 내가 해야 할 일인가? 그 일이 꼭 내 손으로만 해야만 하는 일인가?'를 생각하게 하셨고 '그 일 자체가 아니라 그 일을 네 손으로 했을 때 얻어지는 결과나 반응에 대한 나의 기대가 주님을 향한 내 마음보다 크다'는 것을 깨닫게 해 주셨습니다.

결국 나는 내가 일함으로써 얻어지는 그 결과에 대한 평가와 평판을 주님보다 더 크게 생각하기에 그 순간 주님의 이름도 잊은 채 그 일에만 매몰되는 경우가 많았다는 것입니다.

우리의 일함의 가장 분명한 목적이 오직 주님 당신에게만 있음을 말씀하십니다. 더불어 우리의 일함은 당신의 영광을 드러내기 위함임을 말씀하셨습니다. 즉 주님은 우리가 당신의 이름을 묵상하는 데 방해가 되니까 넋 놓고 앉아 당신만을 생각하라 하지 않으신 것이고 그 일을 통해 우리가 주님이 아닌 우리의 영광을 나타내라고 하지 않으신 것입니다.

사탄은 우리가 주님과 거리두는 것에 최선의 전력을 다합니다. 사람마다 각기 다른 방법을 사용하여 우리가 주님과 거리두게 만듭니다. 만약 우리가 일함으로써 우리가 드러나고 주목받는 것에 대해 즐거움을 느껴 주님의 이름을 순간순간 잊는다면 사탄은 우리가 일하는 것을 더욱 부추길 것입니다.

주님이 성경의 수많은 사람들처럼 우리에게 수많은 영적 동역자들을 붙여 주시는 이유를 다시 한번 생각하게 됩니다. 바나바가 자신의 능력이 부족해서 다소까지 가서 바울을 데려다가 공동 사역을 한 것이 아니라 믿습니다.

합력하여 선을 이루라는 말씀은 나 혼자의 능력이나 노력으로 이뤄낸 성과에 대한 자기도취로 주님의 자리에까지 올라가 앉지 말라는 말씀이라 믿습니다.

가끔 하루를 마치는 순간 육신을 온전히 불태워 극도의 고단함을 느끼는 것을 자기만족의 지표로 삼았던 것을 생각해 봅니다. 그날 과연 주님이 기뻐하셨을까? 아니면 동역자들과 함께 조금은 부족해 보이지만 함께 수고하고 기뻐한 날을 주님이 기뻐하셨을까를 생각해보게 됩니다.

4월 5일 / 동행

주님으로의 그 길

선교센터에는 나무와 풀이 많아서인지 나무의 잎과 풀의 잎사귀를 잘라서 입으로 물고 굴로 들어가 버섯을 키워 먹고 사는 개미들이 무수히 많이 있습니다.

작디작은 개미이지만 그 숫자가 어마어마하게 많아서인지 하룻밤 사이에 한 그루 나무의 잎을 전부 잘라내어 물고 가기도 할 정도이기에 애써 기른 작물을 개미에게 빼앗기기를 원치 않는 농부들은 매일 개미들과 전쟁을 벌이는 형국이기도 합니다.

낮에는 잘 움직이지 않고 밤에만 집단으로 움직이기에 도대체 얼마나 많은 숫자일까 궁금해서 밤에 랜턴을 들고 나가보면 엄청난 숫자의 개미들이 일사불란하게 한 목표를 향해 움직이고 있음을 보게 됩니다.

먼저 나무나 풀에 올라 잎을 자르는 역할을 하는 개미들이 목표한 나뭇잎이나 풀잎을 전부 잘라내면, 옮기는 역할을 하는 개미들이 쉬지 않고 그 잎들을 물고 자신들의 굴로 나르는 것을 보게 됩니다.

그 작업을 밤이 새도록 하다가 아침이 되면 언제 그랬냐는 듯이 모두 사라져 버리기에 밤새 그런 엄청난 일이 있었는지는 실제로 보지 않았다면 도무지 믿을 수 없을 지경입니다. 그러나 한 가지, 밤새 그런 엄청난 일들이 있었던 것을 증명하는 것이 남아 있는데 그것은 바로 개미들이 다닌 '길'입니다.

개미는 자신들이 다니는 길로만 다니기 때문에 밤새 자신들이 다닌 것을 분명하게 드러냅니다. 심지어 그 길이 얼마나 많은 개미들이 다녔는가를 증명하려는 듯이 처음에는 희미하던 길이 나중에는 너무나도 분명하게 드러나고 심지어는 깊이 패이는 것까지 보이게 됩니다.

아직까지 도대체 저 길이 왜 패였는지는 알 수가 없지만, 아마도 그들이 다니며 분비하는 개미산의 영향과 수없이 다니며 그들의 발에 채인 작은 흙 알갱이들이 치워졌기 때문이라 생각됩니다.

작디작은 개미도 자신의 삶의 여정이 분명하게 증거로 남겨진다면, 주님은 당신의 모습대로 창조하신 우리의 삶에도 분명한 삶의 발자국이 남도록 우리를 지으셨음을 믿습니다.

가끔 다른 이와 비교해서 너무나도 특별한 것이 없어서 매일 반복되는 삶이 무의미하고 무료하게 느껴지기도 하고 심지어 그런 삶에 대한 환멸 때문에 견디기 힘들어하고 끊임없이 도피처를 찾는 이들조차도 반복된 삶의 흔적들이 쌓이고 쌓여 분명한 인생의 발자국(그것이 좋은 것이든, 그렇지 못한 것이든)을 남기게 됩니다.

자신의 삶은 대단할 것도 특별한 것도 없는 그저 지극히 평범한 삶, 심지어 아무것도 내세울 것이 없는 실패한 삶이라고 생각하고 좌절하는 이들의 그 하루하루도 분명한 한 자락만큼의 분량을 차지할 것입니다.

그렇기에 나는 어제와 특별히 다를 바 없고, 내일이 되어도 크게 바뀔 것 같지 않은 오늘도 깊은 애정을 갖게 됩니다. 왜냐하면 이 하루하루가 묶이고 엮여서 새겨지는 내 삶의 발자국의 의미를 잘 알기 때문이며, 주님은 내가 이뤄낸 무언가 대단하고 특별한 것에 주목하시는 것이 아니라 나의 이런 하루하루의 지극한 평범성이 쌓여 다져진 그 '길'에 주목하시고, 바로 그 '길' 위를 걸으셔서 내게 오실 것임을 믿기 때문입니다.

나는 오늘도 내가 걸어온 그 길을 돌아봅니다. 특별한 것이 없다고 해서 실망하지도 그렇다고 소홀히 여기지도 않고 묵묵히 하루의 삶을 주님의 이름을 부르며 살아냈음에 감사를 올립니다.

이렇게 쌓인 하루하루의 여정이 다져놓은 주님으로의 그 길이 내 삶 가운데 더욱 분명해지고 견고해짐에 하루를 기쁨으로 닫습니다. 감사하신 주님! 그 길로 오늘도 내게 오소서! 당신과의 동행이 내 삶에 가장 큰 기쁨입니다! 아멘.

4월 22일 / 감격

아버지의 마음

요즘 설교 때마다 그리스도의 보혈에 관한 말씀만 하였는데, 그 피를 내게 보여주시려는지 엊그제 손가락을 생전에 가장 크게 베었습니다.

피가 단순히 베어서 나오는 정도가 아니라 흐를 정도로 나와서 지혈하는데 큰 애를 먹었습니다. 도무지 어찌할 수 없어 있는 힘껏 동여매었는데 온종일 통증이 계속되고, 다음 날에도 열어보니 피가 다시 흘러서 지혈하는 가루를 최대한 뿌리고 다시 칭칭 동여매었더니 오늘은 조금 괜찮아졌습니다. 피를 그렇게 보니 속이 뒤집혀서 변기를 끌어안고 구토를 하기도 했으니 적은 양은 아니었는가 봅니다.

십자가에서 흘리신 주님의 피와 비교할 수도 없는 적은 양에도 이렇게 마음이 요동하는데 십자가에 달리신 아들을 바라보시는 하늘 아버지의 마음은 어떠셨을지를 생각해 봅니다.

단번에 죽는 것이 아니라 서서히 죽어가는 그 십자가를 오랜 시간 바라보며 자신의 아들의 죽음의 과정을 보아야 하는 아버지 하나님의 마음을 감히 상상도 하기 어렵습니다. 아마도 온 우주를 창조하신 이래 가장 처절한 침묵이 온 우주에 가득했을 시간이었을 것입니다.

그 침묵이 없었더라면, 그 모진 견딤이 없었더라면 나의 이 엄청난 죄악의 실상을 해결 받을 그 어떤 가능성도 내게 남겨지지 않는다는 것을 생각할 때마다 '정말 다행이다'라는 생각을 무엄하게도 하게 됩니다.

매번 아이를 한국에 두고 올 때 참으려 해도 눈물이 터져 나옵니다. 그게 아비의 마음일 터인데 우리 아버지 하나님은 어떠셨을지 감히 상상도 못 합니다.

그저, 감사뿐입니다.
그저, 감사뿐입니다.

오소서 놀라우신 주님

주님,

깊은 밤

심연의 긴 탄식으로 당신의 이름을 갈망합니다.

내게 오소서

이 시간 내게 오소서.

말할 수 없는 아린 가슴을 부둥켜안은 채

주저앉은 나의 삶의 자리에

당신의 핏자국 배어나는 발자국이 찍히도록

내게 오소서 지금 오소서.

헛헛한 가슴을 채울 그 무언가의 이름을 찾아 헤매며

결코 영원한 만족을 줄 수 없는 것을 움켜쥐고 탐닉하다가

짜디짠 소금물을 들이켜

더욱 갈증에 괴로워하는 것 같은 내 가슴에

오직 유일한 완벽한 회복의 생수이신 당신의 존재를 채우시려

내게 오소서 이제 오소서.

어제의 만나를 잊은 채

오늘의 욕망을 갈구하는

내 어리석음을 모조리 깨트릴 채찍을 드시고

숨길 수 없는 욕심의 이름들과

비교와 불평을 너저분하게 늘어놓은

내 마음의 상들을 들어 엎으시고

내 안에는 오직 당신의 이름만이 전부임을

도저히 부인할 수 없도록

내 굳은 마음의 반석에 당신의 정(釘)으로 새기시려

내게 오소서 이 시간 내게 오소서.

5월 16일 / 은혜

무엇을 찾기 위해 헤치고 있습니까?

집에서 키우는 11마리의 닭에게 음식을 준비하며 남은 부스러기를
옥수숫가루와 여러 가지 곡물가루를 섞은 것과 뽕나무 잎을 함께 먹
이로 주면 매일 신선하고 건강한 달걀로 되돌려 줍니다.

닭은 깨어있는 대부분의 시간을 본능에 따라 발로 바닥을 헤치며
먹을만한 무언가를 찾습니다. 아마도 낙엽이나 풀잎 밑에 숨어있는
벌레들을 잡는 습성 때문이라 생각됩니다.

닭장에는 항상 목공소에서 나오는 무궁무진한 톱밥이나 대팻밥을 깔아주기 때문에 그 헤치는 발길질이 쉴 틈이 없습니다. 그 헤치는 본성은 심지어 밥을 담은 넓은 나무 그릇에서도 동일하게 나타나서 그냥 밖에서 쪼아먹으면 될 텐데 굳이 그릇 안에 들어가 밥 위에 올라가 발로 헤치며 먹는 것을 보게 됩니다.

본성이 가진 힘이 결코 작지 않음을 알게 하는 장면일 것입니다. 이는 마치 사람에게도 동일하게 나타나는 모습일 것입니다. 이미 주님께서 우리 인생에 가장 선한 것으로 충만하게 주셔서 그 안에 거하면서도 그것을 일부러 헤치고 옛 본성을 따라 그 밑에 있는 보잘것없는 것을 찾아 헤맵니다.

흡족한 만족함을 느끼지 못하기에 그 결핍으로부터 오는 불안감을 떨치지 못하고, 끊임없이 기웃거리며 보여지는 것들을 비교하며 자신에게 쥐어진 것의 상대적 부족함에 불평과 불만을 쏟아내는 것은 이미 주신 것들을 온몸으로 다 헤쳐버리고 아무것도 남지 않은 바닥 같은 현실을 마주하게 하는 우리의 본성 때문일 것입니다.

내 마음 가운데 그런 생각이 고개를 들려고 할 때마다 나는 경계하고 또 경계합니다. 우리의 원수는 우리의 것을 빼앗아가기 때문에 원수가 아니라 우리가 우리 안에 이미 주어진 은혜를 볼 수 있는 눈을 가리기 때문에 원수임을 믿기에 그런 생각이 들 때마다, 내 눈이 가려짐을 느껴질 때마다, 내가 또다시 불안과 불평의 발길질을 하려할 때마다 이미 내게 주신 넉넉하신 은혜를 세어봅니다.

그렇습니다. 주님. 오늘 내게 주신 은혜가 족합니다. 지금 이 자리에서 세어본 당신의 은혜가 넉넉합니다. 아멘. 감사하신 주님!

7월 8일 / 용서

너도 쓰고 있잖니

신앙인으로 살아가며 말씀 가운데 가장 순종하기 어려운 것은 "사랑하라, 헌신하라, 새 삶으로 변화되라" 등이 아니라 "용서하라"는 말씀인 것 같습니다.

살아가며 간혹 마주할 수 있는 억울하고 분한 일들의 경중에 따라, 순간의 감정의 상태나 컨디션에 따라 사소한 것은 그저 웃어넘기며 용서하고 잊을 수 있다지만, 그 심각함의 정노가 감당할 수 없을 정도로 커서 도무지 용서가 되지 않는 상황에서 용서하라는 말씀은 참으로 듣고 싶지 않은 말씀임이 분명합니다.

천성적으로 용서가 쉽게 잘 되는 넉넉한 인격과 아량이 있는 사람에게는 조금 더 수월할는지 모르겠지만, 그렇지 못하여 사소한 것에도 손해 보고 억울한 것을 견디기 힘들어하는 나에게는 더욱 그 말씀은 쉽지 않게 다가옵니다.

최근 5년간 나의 마음을 가장 힘들게 한 이에 대한 결론이 오늘 났습니다. 5년 전 위조 서류로 사기를 치고 5년간 너무나도 몸과 마음을 힘들게 한 이는 결국 이 사실을 알아버린 우리 변호사가 고발하게 되었고, 매우 어려운 법정 과정에서 결국 우리의 완전한 승리로 결론 내려지게 되었습니다.

이제 모든 피해와 마음고생에 대한 합법적인 보상을 요구할 수 있는 시기가 되었는데, 기도 가운데 주님의 매우 강한 마음이 전해지는 것을 느끼게 되었습니다.

마치 주님이 나에게 하시고 싶은 말씀이 있으니 지금 당장 들어보라는 느낌이었습니다. 하지만 듣고 싶지 않아 이리저리 피하는데 주님이 내 마음에 앞뒤 재지 않고 곧바로 크게 외치셨습니다.

"용서하라."

못 들은 척할 수 없게 크게 외치시는 음성에 버럭 응답했습니다. "아뇨. 못합니다. 주님이 모르시는 척하는 것 같으신데, 저 사람이 그간 나에게 또한 우리 사역 가운데 얼마나 큰 물적, 심적 피해를 입혔는지 아시지 않습니까? 그리고 무엇보다 지금까지 저 사람은 자신이 단 한 번도 잘못했다고 말하지도 않고, 우리를 만나 이야기할 때마다 얼마나 빈정거리고 비아냥거리는 것을 설마 주님이 보시지 않으셨습니까?"

"내가 다 알지. 하지만 난 그 사람을 사용하길 원한다. 그러니 무조건 용서하라."

속으로 도무지 주님을 이해할 수 없었습니다. '도대체 쓰실 사람이 얼마나 없으시길래 저따위 사람을 쓰시겠다는 말인가?' 그때 주님이 제 속마음을 다 읽으시고 툭 하고 제 마음에 말씀하셨습니다.

"너도 쓰고 있잖니."

주님의 계획을 그 순간순간에 다 알 수도, 도저히 이해할 수도 없을 때가 셀 수 없이 많습니다. '도대체 나한테 왜 이러세요!'라고 소리를 지르고 싶을 때도 적지 않게 있습니다.

하지만 그 시간이 지나고 한 참 후 그 시간을 돌아보면 그때 주님이 왜 그러셨는지를 이해하게 됩니다. 물론 그 시간이 올 때까지 그 무수한 중간 시간에 주님께 드린 나의 원망과 분노의 외침이 적잖이 쌓인 채로 말입니다.

선교센터에 심은 만 그루의 나무를 태워 먹고, 그것도 모자라 선교사를 죽이겠다고 쳐들어오려는 이들을 도무지 할 수 없지만, 주님이 주시는 명령에 따라 꾸역꾸역 용서하자 그 사람들이 놀라고 변화되어 주님을 영접하게 되었습니다.

심지어 그들 중에 한 사람이 그 지역의 사역자가 된 일과 총부리를 머리에 겨누고 돈을 요구하던 이를 용서했을 때 그 사람의 심령의 변화로 말미암아 새 삶을 여는 시간이 된 것 등, 주님이 나의 본성으로는 도저히 할 수 없는 용서를 요구하셨을 때 몸부림치며 힘겹게 순종함으로 이루어 내신 일들이 적잖이 있으니, 이번 일을 통해 주님이 어떤 일들을 이루어 가실지는 지금은 알 수 없지만, 나중에 분명한 큰 증거가 될 줄 믿습니다.

변호사는 나의 말에 처음에는 잘못 들었나 자신의 귀를 의심하는 눈치였습니다. 그도 그럴 것이 그 무수한 시간을 싸워서 이제 겨우 이겨 다 끝나가는데 갑자기 용서라니 이해하기 어려운 것도 사실일 것입니다.

하지만 주님이 내게 주신 마음을 다 이야기하자 그도 신실한 성도인지라 이 상황을 다 이해하고 그렇게 하기로 해서 용서하고 모든 소송을 마무리한다는 서류를 만들어 오늘 법원에서 그 사람과 판사 앞에서 서명하게 되었습니다.

마지막으로 내가 이야기하고 싶다고 하고 모든 사람들이 듣는 데서 이 모든 상황을 이야기했습니다. 주님을 믿지 않는 사람들의 세상적인 눈으로는 도무지 이해할 수 없는 바보 같은 짓이지만, 그 시간, 그 안에 있는 모든 이들에게는 아무도 그런 마음을 품지 않았음을 그들의 눈동자가 말해 주었습니다.

용서를 선포하고 그를 꼭 안아주고 주님이 당신을 사용하길 원하신다고 다시 한번 간절히 말하자 그의 입에서 사죄의 음성과 변화의 눈빛이 나오기 시작했습니다. 5년간 나를 그토록 괴롭히고 잠을 이루지 못하게 했던 그 모든 막힘이 한순간에 터져나감을 느끼게 되었습니다.

주님이 앞으로 어떻게 그를 사용할지는 지금은 알 수 없습니다. 하지만 분명한 것은 지금까지 그래 오셨던 것처럼 분명 다시 보면 도저히 알아볼 수 없을 새로운 사람과 삶으로 변화된 그를 마주하게 하실 것입니다.

한 영혼을 구하기 위해 자신의 생명까지 주셨던 것처럼 쉽지 않은 이 순종의 씨앗으로 그를 통해 당신의 거룩한 열매를 맺히게 하실 것임을 믿습니다.

7월 27 / 동행

매일 보게 하소서

선교지에서 선교사보다 영혼 구원에 더 관심을 가지고, 섬기고 실천하는 이를 보는 것은 큰 기쁨이고 놀라운 도전을 전해 줍니다. 또한 그런 이들의 섬김의 손길에 동력이 끊어지지 않도록 쉬지 않고 채우시는 주님의 성실하심을 보는 것도 또한 큰 즐거움이고 간증제목이 됩니다.

모든 것이 풍족하기에 더 이상 기적이 필요하지 않아 기적을 볼 수 없는 세대 가운데 사는 것이 아니라 주님이 행하실 놀라운 역사를 시작하게 할 온전한 섬김이 없기 때문에 일상 가운데 기적 없는 건조한 삶을 살고 있는 게 아닌지 생각해 보게 됩니다.

매일 정신없이 분주하게 진행되는 많은 일들 가운데 그 어떤 것이 주님이 보시기에 놀랍고 주님의 마음을 감동케 하는 것이 있을까를 돌아봅니다.

비록 특별한 것이 없다 하더라도 매일 빠짐없이 반복되는 변함없는 순종의 축척도 주님 보시기에 귀한 일이라 믿기에 감사함으로 하루의 사명을 성실하게 이루어 냅니다.

놀라우신 주님, 무엇보다 당신의 존재가, 임재가, 동행이 내게는 가장 큰 은혜이고 기적이며 감사의 모든 이유입니다.

8월 4일 / 존재

나는 당신에게 누구인가요?

선교팀이 도착할 날짜가 얼마 남지 않았습니다. 말할 수 없는 기쁨과 기대감으로 분주하게 준비하다 보니, 몸이 피곤한지 입술에 물집이 많이 잡히는 것을 보고 오늘은 낮에 잠깐 쉬었더니 몸이 많이 좋아짐을 느낍니다. 남은 기간 더욱 기도하며 무리하지 않고 준비해야겠다고 생각하게 됩니다.

누군가에게 나의 존재의 방문이 기쁨이 되고 기대감을 준다는 것은 참으로 놀라운 일입니다. 생각만 해도 기분이 좋아지는 존재로 살아갈 수 있다면 비록 세상의 기준으로 성공하지 못했다 할지라도 결코 실패한 인생이 아니라는 생각을 하게 됩니다.

나는 누군가에게 어떤 존재인지를 더욱 생각하게 됩니다. 또한 무엇보다 가장 중요한 주님에게 나는 어떤 존재인가를 더욱 묵상하게 됩니다.

주님, 나는 당신에게 누구인가요?

8월 8일 / 기쁨

주님을 웃게 하라

어제 온종일 비가 내리고 오늘도 일기 예보에 100퍼센트 비가 온다고 해서 예배에 많은 사람이 참석하기 어려울 것 같아 밤에 제대로 잠을 자지 못하고 기도를 하게 되었습니다.

비가 오면 땅에 돌이나 모래가 없는 황토길이 도저히 다닐 수 없는 진창 길이 되기에 학교도 휴교하는 이곳에서 예배에 오기가 쉽지 않은 상황이기 때문입니다.

그런데 기도를 들으시는 주님이 예배 전부터 비를 멈추게 하시고 예배를 마치고 사람들이 다 집에 도착했을 즈음까지 비를 내리시지 않다가 시간이 되자 다시 하늘을 열고 비를 내리시는 섬세한 배려를 보게 하셨습니다.

특별히 아주 먼 거리에서부터 1시간 이상 걸어서 온 아이들의 발길이 참으로 귀했습니다. 주님이 얼마나 기쁘게 보셨을지를 생각해 봅니다. 사람이 사람을 감동하게 하는 것도 귀한데 일상을 뛰어넘는 헌신을 주님은 얼마나 기쁘게 보실지 상상해 봅니다. 늘 어머니께서 하셨던 말씀을 기억합니다.

"주님을 웃게 하라."

9월 9일 / 용서

주님의 마음을 주심

마음을 만지시는 주님을 찬양합니다. 오늘 장을 보러 브라질 슈퍼마켓에 갔다가 지난번 법원에서 용서해 주었던 그 사람을 만나게 되었습니다.

보자마자 평온하고 웃는 얼굴로 인사하며 악수하고 동행한 가족들에게 인사도 나누었습니다. 그리고 돌아서는데 내 가슴에 폭발하는 화산 같은 분노가 일어나려 함을 느끼게 되었습니다. 아마도 보자마자 평온하고 웃는 얼굴로 인사한 것은 내 본성의 마음이 아니고, 차라리 폭발하는 화산 같은 분노가 내 마음이었을 것입니다.

처음 마음은 주님이 주신 마음일 것입니다. 두 번째 마음이 보자마자 일어났다면 지난번 죽을 것같이 힘들었던 주님의 말씀에 순종하여서 한 용서가 모두 사라지고 의미가 없어질 것이기에 주님이 내 마음이 일어나기 전에 먼저 주님의 마음을 강력하게 일으키신 것이 분명합니다.

왜냐하면 내가 아는 나는 절대 그런 내 인생에 피를 토하게 만드는 원수 같은 이에게 그런 얼굴과 마음으로 인사할 수 없는 자이기 때문입니다.

그렇기에 돌아오는 내내 분을 속으로 삭이면서도 얼마나 크게 감사했는지 모릅니다. 주님이 그렇게 강력하게 내 마음을 조정하지 않으셨다면 난 결국 내 성질대로 말하고 행동했을 것이고, 그러면 지난번의 용서는 다 부질없는 짓이 되어버렸을 것이기 때문입니다.

매번 슈퍼에 갈 때도 아끼고 아끼느라 몇 개 사지 못하는 내 카트보다 그들은 몇 개의 카트를 그득 채운 것을 보았습니다. 아마 우리에게 거짓으로 뺏어간 것들로 산 것이라는 생각이 드니 더 화가 나고 분노가 치밀어 오를 수 있겠으나 주님은 잠잠히 마음을 만져 주셨습니다.

이미 그 사건 이후로 주님이 채우시고 베푸시는 은혜가 넘치도록 있는 간증이 채워짐이 감사한 일입니다. 연말에 한국에 나가면 만나는 이들에게, 말씀을 전하는 단에서 그 은혜를 나누려 합니다. 주님, 오늘 내 마음을 온전히 주장해 주셔서 감사합니다.

주님이 날 사랑하시는데 뭐가 문제란 말입니까

오늘 다 헤아릴 수 없는 기쁨이 내 마음에 충만해지는 것을 느꼈습니다. 오전에 운전하며 눈을 뜨고 기도하는 가운데 근래 내 마음에 있던 무거운 질문에 대한 주님의 분명한 마음의 소리를 들을 수 있었고, 그 전해지는 마음을 통해 그 무거운 마음이 온전히 해결함을 받았기 때문입니다.

책을 출간하고 두어 달간은 판매도 잘되고, 우연히 들른 서점에서도 그 존재를 확인할 수 있는 생경한 모습에 기분 좋은 충격을 받을 수 있었지만, 언제 그랬냐는 듯이 근래 들어 매월 전해지는 보고에서는 거의 판매가 되지 않는다는 소식을 듣게 되자 마음속에 이 일에 대한 무거운 질문이 고개를 들기 시작했었습니다. '하나님은 왜 책을 내게 하시고는 사람들에게 책을 선택하게 하는 마음을 주시지 않는 것인가?'

원고를 출판사에 넘기기 전 매우 오랜 시간 동안 주님이 하셨던 근본적인 질문이 있었습니다. 질문은 간단했습니다. "너는 책을 왜 내려고 하느냐?" 여러 이유와 핑계를 조합해 내려는 마음속에 주님은 그 생각의 시간을 허락지 않으시고 가장 정직한 내 속마음을 보여주셨습니다. 그건 바로 '그 책을 통해 내가 알려지고 드러나는 것'이었습니다.

그 마음이 온전히 내려놓아지고, 온전히 주님이 일하심이 증거되고 오직 그분만이 드러나는 것을 갈망하는 마음으로 바뀌는 데 적잖은 시간이 들었고, 온전히 그렇게 다룸을 받은 후 출판사에 원고를 보냈던 것을 기억나게 하시고, 오늘 다시 그 마음이 내 안에 유효한지를 강하게 물으셨습니다.

그러면서 만약 그렇지 못하면 어떻게 될지를 분명하게 보여주셨습니다. 나는 여전히 내 삶의 순간들 가운데 온전히 주님과의 연합도, 그분의 존재에 대한 갈망도 잊은 채 거친 생각과 마음을 쏟아내고는 합니다.

사람들에게는 대충 감추고 살 수 있다고 치더라도 주님 앞에서는 결코 감출 수 없는 분명한 나의 부족함과 죄 된 모습일 것입니다. 이런 나의 모습을 나와 주님이 너무나도 잘 알고 있는데도, 일이 순조롭게 진행이 되고 책이 여전히 잘 판매가 되고 사람들로부터 드러난다면, 그래서 그것이 마치 나의 능력이나 현실인 줄 착각하고 나와 주님을 속이고 기고만장해진다면, 그것은 결코 내게 아무런 도움이 되지 못하고 오히려 나를 죽이고 나락에 떨어트리는 일이 될 것입니다.

그런데 오늘 아침 이 모든 것에 대한 주님의 마음을 받게 되고, 그것으로 인해 너무나도 기쁘고 감사하고 감격하게 된 것입니다. 주님은 내가 스스로 착각과 기만에 빠지게 하지 않으시려 고삐를 움켜쥐셨으나 그 움켜쥐심이 가장 분명한 한 가지 '나를 여전히, 오히려 더욱 사랑하고 계신다'라는 사실이라는 것을 알게 하신 것입니다.

나를 이렇게 사랑하시기에 나를 착각과 기만에 빠져 제멋대로 뛰어나가지 않고 주님의 뜻을 갈망하도록 내 생각의 고삐를 움켜쥐시고 내 마음의 말머리를 당신에게로 돌리시는 것입니다. 매 순간 나를 주목하고, 나를 드러내려 하는 나를 내버려두지 않으시고 내 마음과 생각을 당신의 손으로 움켜쥐시는 그 은혜를 내가 너무나도 분명하게 느끼게 되니 감격하지 않을 재주가 내 안에 없었던 것입니다.

내가 전혀 주목받지 못해도, 내가 아무런 드러냄의 대상이 되지 못한다고 할지라도 그게 무슨 상관이란 말입니까! 내 안의 주님이, 내 삶의 온 세계를 움켜쥐신 주님이 이렇듯 나를 사랑하시는데, 그것도 매 순간 그 사랑이 더해짐이 이렇듯 분명하게 느껴지는데 도대체 뭐가 대수란 말입니까! 그것으로 족한 것입니다. 아니 오히려 그 은혜가 넘치고 넘치는 것입니다.

오늘 나를 이토록 감격하게 하신 나를 향한 그분의 사랑, 내 존재의 마지막 한 터럭까지도 사라진다 해도 아무런 아쉬움이 남지 않을 그 놀라운 사랑이 날로 더해진다는 그 마음을 전해 받은 오늘은, 그간 내게 있던 무거운 질문에 대한 가장 분명하고 확실한 답이 되었기에 이렇듯 나는 기뻐하고 또 기뻐하게 됩니다.

물론 나는 내일 또 내일의 실수와 잘못을 저지를 것입니다. 오늘의 충만이 내일의 완전을 보장하지 않기 때문입니다. 하지만 나는 내일 또 내일의 채우심을 받을 것입니다.

죄 된 나는 구멍이 뚫린 항아리 같으나

바다 같은 주님의 사랑에 던져져 있기에

내 뚫림은 아무런 문제가 되지 않을 것이기 때문입니다.

진정한 갈망

공항에 도착해서 시골집에 들어오니 한국에 왔다는 것이 실감이 납니다. 시골집은 인터넷이 설치되어 있지 않아 곧바로 가장 먼저 핸드폰 인터넷을 연결하기 위해 읍내 KT지사에 다녀왔습니다.

한국에 있는 동안 사용할 요금제를 신청하고 곧바로 연결되니 수많은 메시지가 쏟아집니다. 하룻밤 동안 적지 않은 메시지가 쌓여 있었고, 그것들에 대해 궁금함이 가장 먼저 그것들을 볼 수단을 찾아내게 되고, 그로 인해 무수한 그들의 존재를 마주하게 된 것입니다.

그 궁금함 어쩌면 중독과도 같은 그 간절함, 그 이름이 무엇일까 생각해 보게 됩니다. 또한 내 삶 가운데 이 정도의 간절함과 궁금함이 내 주님과의 관계에서 얼마나 깊고 넓은 자리를 차지하고 있는지도 가늠해 봅니다.

주님을 향한 갈망이 과연 이 메시지를 받아보려는 궁금함을 가볍게 뛰어넘는가? 아니면 그것보다 못한 것인가? 때로는 그렇다고 당연하게 외칠 수 있지만 때로는 외침에 망설임이 자리한다면 내 갈망은 과연 진정한 갈망이라 이름 붙일 수 있을까?

주님, 내 안에 오직 당신에 대한 갈망이 내 모든 삶
모든 것들 가운데 가장 분명하고 우선되는 기준이 되게 하소서.

12월 12일 / 사랑

끌어당기심, 행복한 포로

우리는 때때로 입술에서 가슴까지의 거리가 가장 멀어서 입술의 고백이 가슴으로 내려와 도저히 부인할 수 없는 확실한 인정으로 되기까지 적지 않은 시간을 사용하고는 합니다.

입술로는 습관처럼 주님의 이름을 부르고 그분 한 분만으로 족하다고 말하지만, 시마다 때마다 닥쳐오는 환란과 어려움에는 맥없이 꺾여 언제 그랬냐는 듯 잊어버리기 때문일 것입니다. 그리고 무엇보다 입술로는 주님 한 분이면 된다고 말하지만, 그 내면에는 주님보다 내가 더 주목되고 심지어 내가 나의 찬양의 주체가 되길 원하는 욕망이 여전히 자리하기 때문일 것입니다.

모든 일이 잘되어지고 기쁨이 넘칠 때가 아닌, 모든 것이 어그러지고 끝이 보이지 않는 것 같은 어둠의 여정에 내던져졌다고 느껴질 때, 그때 내 안에 가득한 생각들을 뒤적여 봅니다. 그것들에 하나하나 이름을 붙이다 보면 내가 제일 중요하게 생각하고 있는 것들의 공통분모가 그리고 그 주체가 보일 것입니다.

나는 주님의 이름이 내 삶의 공통분모가 된 자의 삶을 말하면서도 그 자리를 너무나도 자주 내 이름으로 교체하려는 무엄한 시도를 쉬지 않는 죄인입니다. 그렇기에 때때로 주목된 시선의 자리에 내가 없으면 불안해하고 헛헛해 합니다. 여전히 나는 그 어리석은 루틴에서 벗어나지 못하고 있기 때문일 것입니다.

사랑하시기에 사람이 되셨다는 말씀에 힘을 얻습니다.
그 사랑 만이 나의 이 어리석음을, 이 무엄함을,
이 채워지지 않은 마음을 용서하고
치유하실 유일한 능력임을 믿기 때문입니다.

나는 여전히 죄를 짓지만, 그렇게 물러난 한 걸음보다 두 걸음 더 주님께 나아가게 하시는 용서의 '끌어당기심'을 믿습니다. 그렇습니다. 주님, 나는 주님의 당기심을 기뻐하고 기대하는 행복한 포로자입니다. 아멘.

그리하시면

주님, 내 마음이 원수의 놀이터가 되지 않게 지켜 주소서. 어느 한 점을 톡 건드리면 왈칵 눈물이 쏟아지는 눈물점이 내 마음 한자리에 있는 것처럼 원수가 내 마음의 한 부분을 살짝 터치해도 내 마음은 요동합니다.

그곳은 '비교'라는 이름을 가졌습니다. 끊임없이 나와 다른 이를 비교해서 내 안에 나를 돋보이려는 마음을 내 억울함과 수고와 고난에 대한 인정을 받으려는 본능과도 같은 내 마음을 드러냅니다. 원수는 그것을 너무나도 잘 알아서 별 수고를 들이지 않고도 나를 뒤흔들기 위해 시시로 때때로 나의 마음의 그곳을 찔러댑니다.

빛이 물러난 자리를 빛보다 더 빨리 차지하려는 어둠처럼 주님 당신의 이름으로 충만하면 도무지 그런 생각이 자리할 수 없는 내 마음의 그 빈 공간을, 당신 아닌 것으로 채우려는 원수의 그 신속하고 무수한 시도에 나는 번번이 무너집니다.

그렇기에 난 오늘도, 지금도, 매 순간 당신의 이름을 부릅니다. 하나에 하나를 더하면 둘이 된다는 변할 수 없는 진리 같은 결코 부인할 수 없고, 부인될 수 없는 당신의 이름이 내 안을 완전히 장악하도록 그렇게 함으로써 당신의 존재로 인해 내 영혼의 굳은살이 내 온 마음을 덮어서 원수의 그 모든 어떠한 시도도 아무 효과도, 의미도 없게 하소서.

　그리하면

　그때

　나는

　아! 나는 그때!

　오직 당신만으로, 당신의 이름만으로

　자유하고, 또 기뻐하고 또 기뻐하겠습니다.

　그 생각만으로도 내 마음은

　내 마음은 격동하고 또 격동합니다.

12월 30일 / 진리

영원한 가치

눈이 부시게 파란 바닷물이 들이치는 해변의 너른 벌판에, 설탕처럼 고운 모래 알갱이 위로 형형색색의 조개껍데기들이 새초롬하게 누워 있습니다. 이제 막 걸음마를 뗐을 것 같은 아이가 두 손 가득 그 조개껍데기들을 모으는데 정신이 없습니다. 거추장스러웠는지 풀어헤친 겉옷 사이로 파고들 찬 바람에 걱정이 되었는지 아이 엄마의 계속되는 잔소리에도 아랑곳하지 않고 온 신경을 조금 더 예쁜 것들을 찾는 데에만 집중하고 있습니다.

지금 저 아이에게는 세상 그 무엇보다 저 조개껍데기가 소중하게 생각되어질 것입니다. 그러나 그렇게 모아간 조개껍데기도 몇 달이 지나면, 아니 며칠이 지나면 다른 흥밋거리에 밀려 잊히고, 방치되었다가 쓰레기봉투에 담겨 버려질지도 모릅니다.

그 순간에는 그것이 전부라고, 그것이 가장 소중하고, 인생을 드릴 만한 가치가 있다고 생각하지만, 영원한 가치란 건 인생 가운데 허락되지 않았을 것이기 때문입니다.

어릴 적 매우 소중하다고 생각해서 기를 쓰고 모았던 각종 구슬이나 딱지나 다른 여러 가지가, 지금 어디 있는지 묻는 것도 우스운 일이 될 만큼 이제는 아무 의미도 가치도 남아있지 않습니다. 심지어 사람들이 자신의 생명을 바쳐 지키려 했던 이데올로기도, 금과옥조처럼 믿고 살아온 그들의 신념도 시간이 지나고 나면 언제 그랬냐는 듯 잊고 살아가기도 합니다.

움켜쥔 고운 모래 알갱이가 손가락 사이로 다 빠져나가 종래엔 아무것도 남지 않는 것처럼 우리의 삶의 끝자락에 우리 가운데 남아있는 영원한 가치는 이 땅 가운데 없을 것입니다.

그러나 말씀은 우리에게 허락된 유일한 영원의 가치가 있으며 그 이름은 오직 예수 그리스도임을 매 순간 외칩니다. 그 계속되는 외침이 때로는 지겨워서, 때때로 알 수 없는 반발심으로 거부해보지만, 시간이 더해지고 더 해질수록 우리의 손에, 우리의 심장에, 우리의 삶에 끝자락까지 남는 것이 오직 그것뿐임을 부인할 수 없기에 오늘도 그 진리를 붙잡습니다.

그렇습니다. 오늘도 그 진리를 붙잡습니다. 그리고 오늘도 그 말씀에 붙잡힘을 받습니다. 그것은 그것이 나에게 주어지는 비교할 수 없는 안정감을 그 어느 곳에서도 느낄 수 없기 때문입니다.

12월 31일 / 감격

주님은 언제나 내게 특별한 새 빛이십니다

어제까지 한산했던 바닷가가 오늘은 제법 많은 사람들로 채워지고 있습니다. 어제의 바다와 오늘의 바다가 다른 바다가 아닌 변한 것 없는 똑같은 바다이고, 거침없이 밀려와 하얗게 부서지는 파도도, 심지어 한가로이 노니는 갈매기도 완전히 똑같음에도, 오늘 바다에 어제 없던 이들로 가득 채워지는 것은 오늘이 올해 마지막 날이기 때문일 것입니다. 아마도 오늘 밤에는 더 많은 사람들로 채워질 것이고 한밤이 지나 새벽이 되면 가장 많은 인파로 북적일 것입니다. 이유는 한 가지 내일 아침 떠오르는 태양을 맞이하기 위해서 말입니다.

그러나 따지고 보면 내일 아침 떠오를 태양이 오늘의 태양과 다를 바가 전혀 없을 것입니다. 그 크기도, 밝기도, 색감도 한 점 변화 없이, 수백 수천 년간 반복적으로 떠올랐던 그 모습 그대로 말간 얼굴을 내밀 것입니다. 그럼에도 내일 변한 것 없을 태양과 마주하기 위해 새벽 차가운 바닷바람을 견디며 수많은 이들이 시린 발을 구르며 기다릴 것입니다.

다를 바 없는 오직 한 가지 이유는 태양이 새해의 첫날을 여는 빛이기 때문일 것입니다. 지극히 반복적이고 일상적이고 평범한 것도 그것에 특별함을 부여하면, 더 이상 평범한 무엇이 아닌, 결코 놓칠 수 없는 소중한 존재가 되는 것처럼 눈에 보이지 않고 만져지지 않는 시간에도 특별함을 부여하면 그 순간은 비교할 수 없는 소중한 시점이 될 것입니다.

우리의 일상에도 이런 특별한 존재와 시간이 있는데, 하물며 가장 소중한 우리의 영혼에도 그러한 것이 있음을 봅니다. 그것은 특별히 우리가 주님과 처음 얼굴과 얼굴을 마주 본 시간으로, 그 특별함은 강렬한 기억을 넘어 결코 잊을 수 없는 심장에 각인된 영적 문신과도 같습니다. 그래서 언제라도 그 순간을 떠올리는 것만으로도 가슴이 요동침을 경험하게 됩니다.

하지만 그렇다고 그날이 다른 사람들에게까지 나와 같이 특별함을 느끼고 기억하는 날은 아닐 것입니다. 다른 이들에게는 지극히 반복적이고 일상적이고 지루했던 한 날이겠지만, 나에게는 일생을 통해 결코 잊을 수 없는 특별한 한 날이었습니다.

바로 그날이, 내가 주님과 만난 첫날이기 때문입니다. 이 놀라운 사실을 뒤집어 생각해 보면, 평범한 날이 어떤 계기로 특별한 날이 될 수 있다는 것은 그 계기라는 것을 다른 날들에도 부여한다면 모든 날이 우리에게는 특별한 날로 변할 수 있다는 말이 된다는 것입니다.

우리의 영혼에 주님을 만났던 특별함이 가장 큰 사건이었다면, 그래서 단지 그날 뿐 아니라 바로 오늘 그리고 다가오는 모든 날 가운데 그 만남을 기억하고 그 만남을 갈망한다면 모든 날이 우리에게는 더 이상 평범한 하루가 아닌, 놀랍도록 특별한 날이 될 것입니다.

사람들은 일상의 평범함과 지루함 그리고 퍽퍽함으로 인해 특별한 날을 정해 놓고 그날을 기념하고 환호하지만, 주님과의 만남의 강렬한 기억을 품은 이들이라면 특별한 날, 특별한 시점에만이 아니라 매 순간 주어지는 일상 속에서 주님과의 만남과 동행을 갈망해야 할 것입니다.

그것은 떠오를 태양은 익히 알고 있는 그 모습대로 떠올라 잠시의 환희를 안겨주고 석양 너머로 져 버리겠지만, 우리의 주님은 매 순간 더욱 강하고 힘있게 우리를 안아주실 것이기 때문입니다.

1월 24일 / 증인

나로 영적 명분이 되게 하소서

이 세대 가운데 온전히 말씀대로 사는 것이 얼마나 어려운 것을 알기에 그런 삶을 사는 이를 만난다는 것이 참으로 귀하고 놀라운 일입니다.

쉽지 않은 길이기에 그 삶을 살아내기 위해 적잖은 몸부림이 매 순간 필요하기에 많은 이들이 중도에 포기하고 적당히 타협하고 살아가는 것이 세상에 맞춰 사는 것이라 여기는 세대에, 그 삶을 살기 위해 분투하는 이를 만나 위로를 얻고 도전을 받는 것이 너무나도 귀하고 감사한 일인 것입니다.

오늘 만난 분들로 인해 내 믿음의 분량과 시야가 한 뼘은 늘어난 것에 감사하게 됩니다. 부디 그런 분들이 곳곳에서 지치거나 포기하지 않고 그렇게 살아내 주시길 간절히 바라고 바라는 것은 그분들로 인해 이 멸망 받을만한 것이 가득한 이 땅이 그럼에도 주님의 도우심을 받을 수 있는 영적인 명분이 되기 때문입니다. 나 역시 작고 작은 한 부분이지만 그 분량을 기쁨으로 짊어지길 원합니다.

2월 20일 / 믿음
_____

주님으로 인하여

파라과이로 돌아오기 위해 월요일에 떠난 여정은 수요일 오후가 되어서야 마무리될 수 있었습니다. 그 과정에서의 우여곡절은 한참을 이야기해도 다 못할 정도로 많았지만, 그중에 제일은 마지막 노선의 비행편이었습니다.

한국을 20차례 넘게 다녀오면서 항상 장거리 노선이 말썽이었고, 가장 짧은 노선인 상파울루 이과수 노선은 한 번도 문제를 일으킨 적이 없었기에 이번 여정을 위한 기도 부탁을 드릴 때도 이 노선은 아예 언급도 하지 않았는데, 이번에는 이 노선이 가장 고생스러운 여정이 되었습니다.

구체적으로 기도하지 않으면 언급하지 않은 부분은 들어주시지 않는 주님의 예민함이 문제가 아니라 작은 것이라 여기고 대수롭지 않게 여기고 기도하지 않은 나의 깊지 못한 믿음이 문제였음을 보게 됩니다.

비행기는 상파울루에서 문제없이 저녁 9시 넘어 출발했고 순항을 했기에 이제 곧 도착하겠다는 마음으로 기다리고 있었는데 도착할 시간이 한참이나 지나도 착륙할 기미를 보이지 않고 창밖에 보이는 왼편이 오른편보다 밝은 것이 이상해서(이과수 쪽으로 간다면 왼편은 아르헨티나이고 오른편은 브라질인데 브라질 쪽에 도시가 많아 그쪽이 더 밝아야 하는데) 핸드폰 지도를 보니 오히려 출발했던 상파울루로 돌아가는 것을 보고 물어보니 폭풍우로 회항을 한다고 알려주었습니다. 그리고 공항으로 돌아와서 그다음 날 오전까지의 시간은 악몽에 가까웠습니다.

대책 없는 기다림의 연속과 무책임하고 불친절한 직원들의 응대도 문제였지만, 그 많은 짐을 전부 다시 찾아서 끌고 다니다 다시 붙이는 것의 수고스러움도 컸고, 무엇보다 가장 큰 문제는 도대체 다음 비행기에 대한 정보가 없다는 것이었습니다.

전광판을 눈이 빠져라 쳐다보아도 나오지 않으니 답답함이 이루 말로 다 할 수 없는 지경이었습니다. 그렇게 공항에서의 악몽 같은 시간은 3일간 잠을 자지 못한 육신의 피곤함을 압도해서 무슨 정신으로 그 시간을 버텨냈는지 알지 못한 채, 결국 그 모든 과정을 뚫고 수요일에 이과수에 무사히 도착할 때까지 계속되었습니다.

처음에 회항했을 때와 그 이후의 무책임한 대책에 화가 머리끝까지 난 수많은 사람들은 나중에는 그 소망이 너무나 소박해져서, 제발 보내만 주면 감사하겠다는 마음으로 바뀌었는지, 이과수 공항 활주로에 바퀴가 닿는 순간에 모두 박수를 치며 감사를 표하는 지경에 이르렀습니다.

모든 사람들은 지난밤 한숨도 자지 못한 것에 대한 피곤함과 무책임한 대책에 대한 분노로 얼굴에 웃음기가 모두 사라졌지만, 단한 그룹은 그렇지 않음을 보게 되었습니다.

그것은 그들의 어린아이들이었습니다. 아이들은 그 상황이 어떤지, 얼마나 심각하고 화가 날 상황인지는 알지도 못하고 알려고 하지도 않은 채, 그저 그들 옆에 있는 그들의 부모의 존재만으로도 안심하고 즐거워하며 공항 안에서 뛰어노는 모습을 보여 주었습니다.

아이들을 보며 많은 생각을 하게 되었습니다. 성경에 어린아이와 같지 않으면 천국에 들어갈 수 없다는 말씀이 바로 이런 모습이겠구나 하는 생각이었습니다.

상황과 환경이 어떻든, 그것이 얼마나 심각하고 치명적인지가 중요한 것이 아니라 그들 곁에 부모가 있으므로 안심하고 오히려 그 상황에서 즐거워하고 뛰노는 모습이 우리가 아버지 되신 주님 앞에서 보여야 할 모습이라 믿게 됩니다.

믿음의 반대말은 불신이 아니라 염려임을 믿습니다. 우리가 상황 가운데 염려하는 것은 상황의 심각함으로 인한 것이 아니라 그 상황보다 크신 주님의 존재와 임재와 동행을 보지 못하고 느끼지 못하고 믿지 못하기 때문일 것입니다.

공항에서 뛰노는 아이처럼 어떤 상황과 환경에도 주님으로 인해 기뻐하고 안심하는 내가 되길 갈망합니다. 그것이 내가 주님을 믿고 신뢰한다는 가장 최소한의 반응임을 믿습니다.

3월 15일 / 예수

그리하시면

늦은 밤
고요한 달빛마저 내린 이슬을 머금고 눅눅해진 이 시간에
당신의 깊은 존재 안으로 내 영혼의 걸음을 뗍니다.

켜켜이 쌓여 철옹성같이 단단해진 내 영혼의 짐들에 눌려

고된 걸음, 가쁜 숨을 몰아쉬며

겨우겨우 기어가다시피

유일한 해결자 앞에 나아갑니다.

굳어진 내 마음을, 닫힌 내 심령을

당신의 거칠어진 주먹으로

우주보다 큰 질량으로 두드리소서 깨트리소서.

그리하여 내 영혼의 참혹한 상처 위에

당신의 피, 그 붉은 피, 그 시린 광채로 덮으시고 채우셔서

그 빛에 물들고 물들어

내 안에 온전히 당신의 색깔, 당신의 존재로만 충만하게 하소서.

그렇게 내 가슴을 찢으시고 내려와 좌정하셔서,

매 순간 내 안에 침노하려는 그 모든 악함을

태우소서 도말하소서.

그리하면 내가 웃겠나이다.

그리하면 내가 온전히 깨어진 심령을 끌어안고,

얼싸안고, 눈물 흘리며 기뻐하겠나이다.

그리하겠나이다.

그리하겠나이다.

내게 오소서

온 몸을 던져 부르짖는 기도의 끝자락,

폭풍 같은 고요 속에서

당신의 음성이 내 요동치는 심장에 닿습니다.

천지를 뒤흔들 폭풍우 속 같은 삶의 현장에서도

가녀린 가지 위에 얹힌 작은 둥지의 아기새들의 평온함을

지금 내가 느끼는 것은

모든 것 되신 어미 새 같은 당신의 실존이

내 온 존재를 휘감고 계심을 믿기 때문입니다.

온 세상의 주인이시지만 지금

이 순간에는

오직 나의 주님으로만 내게 오소서.

내게 뛰어오시느라 숨찬 호흡과 맺힌 땀방울로

내게 오소서. 나에게 오소서.
그리하여 훔친 소맷자락에 가득한 그 젖은 땀방울로
고된 하루에 달궈진 나의 심장을 식히소서.

그리하시면
비로서 나는
잠잠히 그러나 더욱
사랑하겠나이다.

그리하여
나를 위해 흘리신 그 피와 땀으로 얼룩진 거룩한 옷자락에
말갛게 나를 씻어
나의 온 존재를 당신으로 물들여
이 깊은 밤, 꿈길에서까지
당신의 정원에서 당신의 손을 잡고 걷겠나이다.

오소서 놀라우신 주님!

놀라우신
참으로 놀라우신 주님
뛰는 듯, 나는 듯, 내게 가까워지는 당신의 발걸음 소리는
가쁜 듯, 벅찬 듯, 내 영혼을 가득 채우는 당신의 숨소리는
나에게 온 우주보다 크신 경이로움입니다.

오소서.
한 걸음으로 내게 오소서.

그리하여
하루만큼의 삶의 분량의 언저리마다
긁히고 찢긴 내 영육의 환부를
때로는 헤집고
때로는 보듬으며
치유하시고 감싸 안으시는
당신의 굵고 거친 손마디에
오히려 나는 안식하게 하소서.

그러므로 나는

비로서 나는

당신의 십자가의 한 귀퉁이를

내 어깨에 얹어

당신의 실존 무게를 나누어 짊어지겠나이다.

내 심령의 여린 옷자락을 베어내

내 눈물샘 깊은 곳에 담가 꼭 짜낸 뒤

맺힌 땀방울,

엉긴 흙먼지 얼룩진 당신의 얼굴을

말갛게 닦아내겠나이다.

그러므로 마침내

마침내 이 깊은 밤이 지나고 지나

첫새벽의 서늘함이 온몸을 휘감을 때

동녘 땅, 첫 빛 자락으로 당신의 임재를

내 영혼을 뒤흔들어 깨워 외치겠나이다.

반복되는 기도는 수고로움이 아니라 오히려 은혜입니다

언제까지 기도해야 합니까?

도대체 언제까지 이 같은 기도를 반복해야 합니까?

기도가 아직도 덜 채워졌습니까?

하나님은 기도를 듣고 계시지 않습니까?

아니면 하나님이 이 기도를 들어주실 능력이 부족하십니까?

때때로 사람들에게서 듣는 질문입니다. 오랜 시간 힘을 다해 기도했는데도 응답이 되지 않아 답답한 심정을 토로하는 이들을 탓할 수 없는 것은 그들이 기도의 시간과 수고를 모르는 바가 아니기 때문입니다. 그럼에도 그들에게 대답해 줘야 함을, 그래서 그들의 답답한 마음에 위로와 힘을 전해야 함을 믿기에 대답해 주고는 합니다.

대답은 오히려 질문으로 시작합니다. "왜 기도하고 있습니까?" 황당해하는 이들에게 재차 묻는 것은 "기도의 목적이 무엇입니까? 응답되어 소원 성취입니까? 아니면 주님과의 대화입니까?" 대부분 응답되어 소원 성취임을 알기에 대답을 머뭇거리는 그들에게 "우리는 응답되어 소원성취 되는 것이 목적이지만, 과연 주님도 그럴까요?"라고 말하고 "주님은 우리에게 가장 선한 것을 주시길 원하십니다. 그것도 성경에 기록된 대로 넘치도록 주시길 원하십니다. 그것은 분명한 사실입니다. 왜냐하면 우리는 그럴 권리가 있는 그분의 자녀이기 때문입니다.

하지만 주님에게 있어 우선순위는 그것보다는 우리와의 관계입니다. 부모에게 가장 큰 기쁨이 되는 것은 멀리 살며 바빠서 도무지 볼 수 없는 성공한 아들보다 곁에서 때마다 보며 기쁨을 나누는 평범한 아들인 것처럼 주님은 우리가 소원성취 되어 기도를 멈추고 뛰쳐나가 세상에서 활보하는 것보다 늘 기도로 대화하며 아름다운 관계가 유지되는 것을 원하십니다. 언제까지 기도해야 응답받느냐고 물으시니 답해 드리겠습니다. 당신이 주님께 원하는 것을 다 받아도 여전히 주님과 기도로 대화하는 것이 끊어지지 않을 만큼 당신의 기도가 되어질 때, 주님은 당신이 눈치채지 못할 정도로 자연스럽게 이루어 주실 것입니다.

만약 당신이 당신의 기도가 응답되어지면 기도를 멈춰버릴 가능성이 여전히 남아 있을 때는 주님은 응답을 유보하실 것입니다"라고 말합니다.

반복되는 기도는 수고로움이 아니라 오히려 은혜입니다. 응답되어져도 뛰쳐 나가지 않고 여전히 기도의 자리를 지키는 것은 축복, 가장 큰 축복입니다.

성령으로 태우실 것입니다

지난주 내린 비로 갑자기 내려간 기온은 새로운 계절을 급하게 끌어다 파라과이 땅에 앉혔습니다. 해마다 이맘때부터 당분간은 여름내 훌쩍 자라 전깃줄 가까이 접근했거나 너무 무성해져 폭풍우에 부러질 염려가 되는 나뭇가지들을 잘라 태우고는 합니다.

거기에다 한국에 다녀온 기간 동안 선교센터 내 이곳저곳에서 부러진 나무들도 있어서 한데 모아보니 그 양이 제법 많아서 여러 곳에 나누어 쌓은 후 불을 붙였습니다.

그 나무 중에는 겉껍질이 온통 가시로 덮여 있어서 다루기가 영 불편하고 조심스러운 가지들도 있어서, 그것들을 옮기는 데 온 신경을 써야 하는 경우들도 있습니다. 그 이유야 말할 것도 없이 그 가시들에 찔리지 않기 위해서입니다. 길고 날카로운 가시들에 찔리면 통증이 꽤 오래가고 상당하기에 당연히 조심스럽고 온 신경을 집중해서 옮기는 작업을 해야 합니다.

하지만 일단 쌓아놓고 불을 붙이면 그 후로는 그 가시들이 전혀 문제가 되거나 두려운 대상이 되지 못합니다. 금세 그 나무는 타버릴 것이고, 특별히 그 위협스러웠던 노출된 가시가 제일 먼저 불에 타버리기 때문입니다.

그렇게 위협적인 가시가 제일 먼저 그리고 그토록 순식간에 타버리는 것이 신기하기만 합니다. 그러면서도 어쩌면 저것은 당연한 것이라는 생각이 드는 것은 나무의 본래 강도보다 항상 그 가시의 강도는 약하기 때문입니다.

불에 사그라드는 가시들을 보며 여러 생각을 하게 되었습니다. '그래, 저 가시들은 사실 그 가시들이 붙어 있던 그 가지나 기둥의 목질보다 단단하지 않지. 그렇기에 저렇게 먼저 그리고 순식간에 타 버리는 것일 거야.

그렇다면 저 가시처럼 내 안에 있는, 그래서 나를 찌르고, 심지어 다른 이를 찌르는 내 가시도 마찬가지겠지. 버려야 함에도, 나를 보호하기 위해, 나를 방어하기 위해서라는 핑계로 여전히 내 안과 밖으로 덕지덕지 붙이고, 나와 다른 이를 찌르고 상처 입히는 이 가시도 실상은 내 연약함의 다른 이름이고, 난 그런 내 안의 열등감을 갈고 갈아 뾰쪽하게 만들어 나와 다른 이를 찌르고 있는 중이구나.'

그렇다면! 도무지 부인할 수 없는 나의 상태가 그렇다면! 답은 오직 한 가지뿐일 것입니다.

태우는 것입니다.

그것들을 다 태워버릴 수 있는 불에 던져버리면 순식간에 다른 그 어떤 것들보다 먼저 타버릴 것입니다. 성경에서 성령을 불이라 표현한 것이 놀랍도록 감사한 일입니다. 다른 그 어떤 것으로도 태울 수

251

없는 내 안과 밖의 이 가시투성이들을 태울 수 있는 유일한 거룩한 불, 성령이 계심이 말로 다 할 수 없이 감사한 일인 것입니다. 태우고 또 태워서 내 안에 도사리고 있으면서 나와 다른 이를 찌르는 이 가시들을 모두 살라버리실 것이기 때문입니다.

오늘 가지를 태웠지만, 내년 이맘때까지 나무는 또 그렇게 자라날 것이고, 또 태워야 할 가지들을 키워낼 것입니다. 그리고 그 가지에는 또다시 가시들이 빼곡히 달려 있을 것입니다. 마치 오늘 내가 성령의 태우심을 받고도 내일 또 다른 가시를 내 안에서 돋아나게 할 것이듯 말입니다.

그러나 나는 이 밤을 걱정하지 않고 잠이 들 것입니다. 내 안의 성령은 내일의 가시를 내일 또 태우실 것을 믿기 때문입니다. 나는 나를 신뢰하지 못하지만, 내 안에 부인할 수 없는 성령의 성실하심을 온 마음으로 신뢰하기에 나와 남을 찌르고 또 다른 이에게 찔려 상처가 난 내 영혼일지라도 이 밤에 쉬게 할 수 있습니다.

그렇습니다. 주님. 그렇습니다. 그렇기에 난 오늘도 이렇게, 이렇게 살아냈습니다.

그게 나입니다

오늘 돌아온 탕자 이야기를 읽으며 불현듯 떠오른 의문 하나는 첫째 아들은 자기 동생이 가지고 나간 재산을 허랑방탕하게 사용하였다는 것을 어떻게 알았을까 하는 것입니다.

지금처럼 유무선 통신이 있는 것도 아니라 연락을 주고받기가 쉽지 않았을 때, 더군다나 먼 나라에 가 있는 동생의 상황을 알 수 있는 것이 매우 어려웠을 때, 돌아온 동생을 만나보지도 않은 채 아버지에게 말하는 것을 보면 비교적 정확하게 동생의 상황을 말하고 있다는 것을 볼 수 있기 때문입니다.

아마 그것은 두 가지 중의 하나일 것입니다. 동생이 재산을 챙겨서 나가는 것이 마음에 들지 않았던 형이 사람을 붙여 동생을 미행하게 하고 상황을 보고 받았거나, 이미 동생의 방탕한 생활이 너무나 유명해져서 그 소문이 먼 나라인 아버지와 첫째 아들이 살고 있는 곳까지 전해졌거나로 말입니다.

염소 새끼 한 마리도 자기 마음대로 할 수 없는 재정 상태의 첫째라면 아마 첫 번째일 가능성은 없어 보이기에, 집 나간 둘째 아들의 좋지 않은 소문이 이미 온 나라에 다 퍼져있을 것이라는 두 번째의 가능성이 더 커 보입니다.

잔치에 참여하지 않는 첫째 아들을 보러 나온 그의 아버지에게 첫째 아들이 돌아온 동생의 지난 상황을 다 이야기했을 때, 아버지가 그 이야기를 마치 처음 듣는 이야기인 것처럼 놀라지 않는 것을 보면 더욱 그러한 것 같습니다.

그렇다면 첫째 아들도 알고 있었고, 심지어 아버지도 알고 있었다면 마을의 모든 사람들도 알고 있었다는 말이 됩니다. 매일 마을 어귀까지 나가 기다리는 아버지를 보며 그런 동네 사람들이 뭐라고 말했을지는 불을 보듯 뻔합니다.

들리지 않는 목소리로 자기들끼리, 심지어는 들으라는 듯 대놓고 그 아들을 욕하고 아버지를 조롱했을 것입니다. 아들이 집을 나가 돌아오지 않는 것도 마음 아픈데, 그런 사람에게 쏟아지는 사람들의 조소와 비난은 더 가슴 아픈 일이었을 것입니다.

그런데도 아버지는 매일 그곳에 서서 기다립니다. 서성입니다. 언제 아들이 돌아올지 목을 길게 빼고 먼 길을 응시합니다. 사람들의 조롱과 비난보다 자신의 집 나간 아들이 더 소중하기에 그 모든 것을 견디며 아들을 기다리는 것입니다. 성경의 모든 이야기 중 아버지의 마음을, 무엇보다 참 아버지이신 하나님의 마음을 가장 잘 표현한 말씀일 줄 믿습니다.

나를 돌아봅니다. 결코 동생이라 부르지 않고 끝끝내 아버지의 '이 아들'(눅 15:30)이라고만 부르는 그 형의 모습이 내 안에는 없는지 돌아봅니다. 주님이 그를 '네 동생'(눅 15:32)이라 부르시며 이미 용서하기로 작정하신 영혼들이 내게 해를 끼쳤었다는 이유로 끝끝내 용서하지 못하는 고집이 내 안에는 없는지 돌아봅니다.

주님, 내 안에 첫째 아들의 모습, 그 고집이, 그게 나입니다. 그게 나입니다. 주님. 그런 나를 용서하소서.

5월 13일 / 회복

바로 그 자리, 바로 그 순간

지대가 낮은 곳에 위치한 교회들이나 성도들의 집들은 평소에도 물이 고이고 습한 환경인지라 비가 많이 오면 물이 차서 그 문제를 해결하는 방편 중 하나로 물을 놀랍도록 많이 빨아들이고 빠르게 자라나는 유칼립투스 나무를 종종 키워서 나누기에 아주 작은 묘목 200그루를 구해서 보다 큰 플라스틱 화분에 모아둔 낙엽으로 만든 퇴비를 담아 그 나무들을 옮겨 심어 놓았습니다.

몇 개월 안에 1미터 정도로 자라서 그것들을 필요한 곳곳에 옮겨 심으면 완전히는 아니더라도 이전보다는 훨씬 나은 환경으로 바뀔 것을 생각하니 작업이 힘들지 않고 오히려 신이 나서 하게 됩니다.

유칼립투스도 종류가 많아서 필요한 종류들을 구하려면 근처보다는 제법 먼 곳에 있는데 다행히 수도 아순시온 가는 길에 있어 오고 가는 길에 들러서 실어 올 수 있게 되었습니다.

하지만 그 거리가 정확히 중간쯤이라 몇 시간씩 싣고 오는 과정에서 몇몇 나무가 조금은 상하기도 합니다. 자라면 수십 미터까지 자라는 거목이 되겠지만 지금은 약하디약한 단 두 뼘 길이의 나무이니 외부의 작은 물리적 충격에도 쉽게 상할 수밖에 없을 것입니다. 그중에는 공교롭게도 가장 윗부분 순이 부러지는 경우도 있습니다.

그것들을 보게 되면 언뜻 '이제는 이 나무는 소망이 없겠구나. 위로 자라나는 나무의 윗부분이 저렇게 부러졌으니, 이제는 위로 크는 것은 불가능하거나 자라는 것이 다른 나무보다 훨씬 더디겠구나'라는 생각을 하면서도 죽지 않고 살아남길 바라는 마음에 성실히 매일 물을 주고는 했습니다. 그 정성을 외면하지 않았는지 지금껏 모든 나무들이 매 순간 꾸준히 자신의 키를 올리고 있음을 보게 됩니다.

그러다 오늘 문득 물을 주다 보니 가장 윗부분 순이 잘린 나무들의 가장 윗잎과 줄기 사이에서 새롭게 새순이 돋아나는 것을 보게 되었습니다.

한 그루만 그런가 하고 윗부분이 잘린 다른 나무들을 모두 확인해 보니 모두가 하나같이 가장 윗잎과 줄기 사이에서 새순이 돋아올라서 새초롬하게 맑은 얼굴을 내미는 것을 보게 되었습니다.

생명의 신비가 놀라웠습니다. 그리고 더욱 놀라운 것은 그렇게 지으신 하나님의 섬세하신 배려와 사랑이었습니다. 그러면서 다른 곳도 아닌 잘린 바로 그 자리 밑에서 새롭게 자라나는 그 순을 보며 많은 생각을 하게 되었습니다.

왜 그 자리일까? 왜 하필 그 자리일까? 다른 곳도 많을 텐데, 좀 더 안전하고 튼튼한 중간 줄기에서 돋아나 자라도 될 텐데 왜 그 자리일까?

생각 중에 어쩌면 이것이 우리를 향하신 주님의 마음이고, 우리에게 말씀하시는 메시지라는 마음을 받게 됩니다. 그것은 바로 잘린 자리 바로 그곳, 쓰러진 자리 바로 그 자리, 실패한 시간 바로 그 즉시, 다시는 일어설 수 없을 것만 같은 바로 그 공간에서, 다시 일으키시고, 살리시는 주님의 메시지라 믿게 됩니다.

우리는 때때로 우리의 삶의 가장 중요한 것이 잘리고, 거부당하고, 모욕당하고, 조롱당할 때가 있습니다. 그래서 다른 이들 모두가, 심지어 나 자신도 이제는 모든 것이 끝났다, 더 이상 소망이 없다고 생각하는 때가 있습니다. 하지만 주님은 그 자리에서부터 우리를 다시 세우십니다.

그것도 '바로 그 순간'부터 세우십니다. 나무는 그 순이 잘렸을 때, 그 순간부터 새로운 순을 틔울 준비를 했을 것입니다. 삼손이 원수의 손에 머리털이 다 밀렸을 때, 그래서 모든 원수들이 잔치를 벌이고 있던 그때 성경은 그의 머리털이 자라기 시작했다고 조용히 말씀하고 있는 것처럼 말입니다(삿 16:22).

다만 우리의 눈은 그 새순을 볼 수 있을 정도로 민감하지 못해 이제 이 나무는 소망이 없다고 단정 지을 뿐입니다. 우리는 실패의 순간에 원망하고, 절망하며, 주저앉지만, 주님은 그 순간에도 모든 성실하심으로 우리 안에 다시 일으키실 영적 새순을, 바로 그 순간부터, 바로 그 자리에서부터 돋아내십니다.

늦은 밤 돌아보는 오늘 하루의 나는, 내 안과 밖의 수많은 새순이 꺾임에 힘들어했지만, 주님은 성실하심으로 그 모든 순간, 그 모든 자리에서부터 나를 다시 일으키셨음을 고백할 수밖에 없습니다.

그렇습니다.

주님. 바로 그 자리로부터,

바로 그 순간으로부터,

나는, 내 영의 새순은 그렇게 다시 일어나고 다시 돋아납니다!

5월 23일 / 특권

거룩한 명분

어차피 하나님께서는 하나님의 뜻대로 다 이루실 텐데 굳이 하나님의 뜻이 이루어지게 해달라고 기도할 필요가 있나요? 그리고 죄인 된, 연약하기 이를 데 없는 우리가 기도한다고 해서 과연 우리의 기도가 하나님의 뜻을 이루는데 천분의 일 아니 만분의 일이라도 보탬이 되겠나요?

종종 들을 수 있는 질문이기도 합니다. 그리고 또한 기도하는 가운데 우리의 마음을 침노하여 우리로 기도의 힘을 빼내곤 하는 우리 자신의 질문이기도 합니다.

그렇습니다. 주님은 물론 우리가 기도하지 않아도 당신의 뜻을 분명하게 이루어가실 것입니다. 그분은 우리가 당신에게 기도하지 않았다고 삐지거나 낙심해서 당신의 계획을 포기하거나 미루시는 분이 아니시기 때문입니다.

그리고 또한 우리의 기도와 능력이 주님이 당신의 일을 이루어가시는데 유의미할 정도로 힘을 보태거나 결정적인 도움이 되진 못할 만큼, 보잘것없다는 것 또한 사실입니다.

그럼에도 불구하고 우리는 기도해야 하고, 우리로 기도하게 하시는 주님의 이유가 있습니다. 그것은 우리가 방관자가 아닌 참여자가 되게 하시기 위함입니다. 주님은 언젠가 이 모든 일들을 이루어 내실 것이고, 그 시간이 되면 그 이루신 것을 통한 놀라운 잔치와 상급이 있을 것입니다.

그때 비록 우리의 능력이 너무나 부족하여 물리적으로나, 가시적으로나, 아무런 보탬이 되지 못했었다 할지라도, 그 주님의 일하심에 기도로 동역하고 응원한 우리는 그 잔치의 참여자가 될 것입니다.

나는 아무 능력도 없고, 주님은 당신의 일을 알아서 이루어가실 것이니, 나는 도통 기도할 이유도, 힘도 없다고 생각해서 기도로 동참하지 않은 이들은, 그 시간에는 참여자가 아닌 잔치와는 아무 상관 없는 방관자요, 초대받지 못한 자가 될 것입니다.

주님도 아십니다. 우리가 당신의 일을 이루어가는 데 그다지 큰 힘이 되지 못한다는 것을 말입니다. 그럼에도 불구하고 우리를 당신의 일하심의 자리로 초청해서 우리의 기도의 손을 요청하시는 것은 우리로 그 최후의 잔치 자리에서 동참하고 기뻐할 수 있는 자격을 주시기 위한, '거룩한 명분'을 주시기 위함일 것입니다.

원수 사탄은 끊임없이 우리의 기도의 자리 옆에 바짝 붙어 앉은 후 우리의 귀에 속삭입니다.

"네가 기도하지 않아도 주님은 주님의 일을 다 이루실 텐데 네가 뭐하러 기도하느냐? 너같이 부족하고 연약하고 능력 없는 자가, 그리고 그런 너의 기도가 무슨 하나님께 도움이 되겠느냐? 쓸데없이 힘 빼지 말고, 이 시간에 차라리 다른 생산적인 일을 하는 게 낫지 않겠느냐?"

어릴 적 시골 마을은 집성촌이어서 어느 집에 잔치가 있으면 곧 마을 잔치, 집안 잔치나 마찬가지였습니다. 구멍가게 하나 없는 시골에서 잔치가 열리면 귀한 사이다 한 병이라도 얻어먹을 수 있는 흔치 않은 기회였는데, 어느 잔치든지 자연스럽고 당당하게 들어가 먹을 것을 받아먹을 수 있었던 것은 나 역시 이름 앞 자에 같은 성을 쓰는 집안 사람이었기 때문이었습니다.

비록 나는 그 잔치에 물리적으로나 재정적으로 보탬을 한 것이 전혀 없다 할지라도 내가 그곳에서 그런 호사를 누릴 수 있었던 이유는 단 하나 그곳의 구성원들과 가족이기 때문이었습니다.

그러나 그 잔치가 아무리 열려 있는 공간이라 할지라도 외지의 전혀 모르는 사람, 아무도 초청한 이가 없는 불청객이 찾아와 불쑥 들어가서 무언가를 요구하는 것이 쉽지 않은 것은 그는 잔치에 속한 우리와는 아무런 관계가 없는 사람이기 때문입니다.

주님은 우리를 당신의 아들로, 당신의 딸로 부르셨습니다. 그 부르심은 우리의 능력이나 그 어떤 것이 효용 가치가 있어서 부르신 것이 아니라 우리를 당신이 지으셨고, 당신의 아들이 바로 우리를 위해 죽으셨기 때문입니다.

사람들 사이에서의 평가 기준에 따라 나눠진 그 어떤 것들도 주님 앞에서는 당신의 아들이요, 딸이라는 카테고리 안에 차별과 구분 없이 하나로 뭉뚱그려집니다.

그렇게 우리를 당신의 자녀로 부르셨고, 또한 그런 우리로 당신의 잔치에 참여할 동역자로 부르시기 위해 우리에게 기도하게 하시는 것은 생각하면 할수록 얼마나 놀라운 은혜인지 감격하게 됩니다.

아무런 힘도, 도움도 되지 못할 우리를 당신의 일하심의 현장으로 부르셔서 실상은 당신이 모두 다 힘을 쓰시며 감당하시며 이루시면서도 그 열매를 우리로 먹게 하시는 것이 은혜라는 말 이외에는 표현할 단어가 없을 것입니다.

그래서 나의 이 기도함을 주님이 나에게 주신 가장 큰 특권이라 부릅니다.

그렇습니다.

그렇습니다. 주님.

그 거룩한 명분

오직 은혜요, 오직 감사뿐입니다. 아멘!

5월 24일 / 갈망

그 방향

근래 고국을 다녀오는 항공편이 대부분 중동을 거쳐 다녀오게 되었습니다. 그해 항공사를 선택하는 기준은 그 기간 가장 저렴한 노선인데 근래에는 중동 국가 항공사들이 늘 가장 저렴해서 그 노선을 이용하게 되었습니다.

비행시간도 체감적으로 좀 더 짧은 것 같기도 하고 항공기도 상대적으로 나은 것 같아 여정이 좀 더 수월하게 느껴져 선택하는데 고민을 하게 만들지 않는 것도 감사한 일입니다.

중동 비행기를 타면 한 가지 공통적인 것을 보게 되는데 그것은 설치된 모니터에서 지도를 보면 작은 이모티콘 같은 것이 있다는 것입니다. 각지고 검은 이모티콘 같은 그것은 이슬람교의 성지인 메카에 있는 카바 신전의 모양인 듯합니다.

이슬람 신자라면 평생에 한 번은 가봐야 하는 그 성지에서 가장 중요한 장소인 그 돌을 따라 돌며 걷는 수만 명의 사람들을 영상을 통해 본 적이 있었는데, 비행기 모니터의 그 그림은 바로 그곳을 표시한 것입니다.

비행기가 어디로 날아가든지, 지금 어느 곳에 있든지 모니터 안의 지도에는 그 신전의 위치를 표시해 주고 있었던 것입니다. 비이슬람 신자에게는 대수롭지 않게 여겨질 것이고, 심지어 그것이 무엇인지도 모르는 사람들이 대부분이겠지만, 이슬람 신자인 그들에게는 너무나도 중요해서 어디에 있든지 심지어 대서양 한복판을 날아가는 비행기 안에서일지라도 그 방향을 표시해 주고 있는 것입니다.

그 모습을 보며 많은 생각을 하게 됩니다. 복음 없는 저들에게도 그들의 성소를 중요시하는데 나는 생명의 주님을 매 순간 바라보고 있는가? 그 주님의 얼굴을 구하기 위해 언제 어디서나 그분이 계신 곳을 향해 내 삶의 초점을 맞추고 있는가? 주님은 언제나 어디서나 계신다는 말로 그저 얼버무리고 주님을 향한 나의 보잘것없는 갈망의 결핍을 핑계하지 않는가?

주님, 이 시간 나는 오직 당신의 존재를 그 얼굴빛을 구합니다.
모든 삶의 자리에서, 모든 인생의 시간 안에서
당신의 실존을 간절히 소망합니다.
온 우주 안에 가득하고 충만하시지만,
그 어느 곳보다 바로 내 안에서 가장 강렬하게 빛나는
당신의 존재를 갈망하고 또한 갈망합니다.

그래서 내 안이 온전히 당신으로 충만하고 충만하여,

마침내, 그리하여 마침내, 내 안에서 쏟아져 나오는

당신의 생명의 빛이 나로부터 터져나가

이 땅을 적시고 적시길 원합니다.

아멘 그렇습니다. 주님! 그리되길 갈망하고 또한 갈망합니다!

7월 19일 / 은혜

은혜입니다 큰 은혜입니다

돌아보면 모든 것이 은혜라고 고백하는 것이 얼마나 어려운 일인지는 그 돌아보는 시간 안에 알알이 박힌 상처와 고난의 흔적들 때문임을 보게 됩니다.

그럼에도 그것들을 너무 고통스럽지 않을 만큼으로 마음속으로 감당하고 넘겨 보낼 수 있도록 하게 하는 것이야말로 오직 나의 힘(성품이나 인내심)으로는 불가능한 주님의 은혜임을 고백하게 됩니다.

하나하나 다 기억의 자리에 심어 놓고 시마다 때마다 꺼내어보며 가슴에 생채기를 더하는 것보다 그 순간에는 도무지 감당할 수 없었던 고통이었건만 마치 잊은 듯이 훌훌 털어내어 더 이상 내 마음의 어느 한 자리에도 공간을 허락지 않는 것이 주님이 주신 지혜이고 방법임을 믿으며 어쩌면 그렇게 감쪽같이 잊을 수 있는지를 한탄보다는 감사로 반응하게 하시는 은혜를 누립니다.

그렇습니다. 은혜입니다. 그것이야말로 진짜 큰 은혜입니다. 도움과 은혜를 입은 것은 마음의 바위에 새기고 억울하고 분한 일은 흐르는 물에 새기겠습니다. 때때로 그 반대로 하고 싶은 악한 욕망을 주님이 제거해 주세요.

8월 18일 / 사명

미끼

아들이 내일이면 한국으로 돌아가기에 오늘 마지막으로 아들과 함께 낚시를 다녀왔습니다. 비록 한 마리도 잡지 못했지만 함께 있는 것만으로도 너무나 즐거운 시간이었습니다.

생각해 보니 어렸을 때부터 낚시를 너무나 좋아했습니다. 심지어는 일어나기 그렇게 힘든 새벽 시간에 일어나 학교 가기 전 먼저 낚시부터 하고 학교에 갔던 기억이 있을 정도였습니다.

지금이야 그렇게 할 수 없으니 가끔 낚시 영상을 보며 마음을 달래고는 합니다. 그 낚시 영상들을 보면 각종 물고기에 각기 다른 미끼를 사용하는 것을 보게 됩니다. 아무리 좋은 미끼라도 잡으려는 그 물고기 종류가 좋아하지 않으면 도통 물지 않으니 꼭 맞는 미끼를 준비하는 것이 매우 중요함을 보게 됩니다.

그런데 영상을 보다 보면 어떤 미끼는 너무 고가여서 차라리 그 미끼를 먹는 게 낫지 않을까 싶은 것들도 있기도 합니다. 하지만 아무리 미끼가 고가여도 그 미끼를 사용하는 이유는 그 미끼로 낚은 물고기가 그 미끼보다 더 고가이기 때문입니다.

물고기는 눈앞에서 아른거리는 고급 먹거리에 온 정신이 팔려 오직 그것에만 집중하고 그 유혹을 끝내 뿌리치지 못해 덥석 물게 되고 결국은 낚시꾼의 망태 안에 담겨 명을 달리하게 됩니다. 자기가 보기에 그 먹거리의 화려함과 고귀함이 대단해 보였을지 몰라도 정작 그 미끼와는 비교할 수도 없이 귀한 존재인 자기의 존재 가치를 생각지 못했기 때문일 것입니다.

돌아보면 이 시간을 살고 있는 우리에게도 동일한 상황임을 보게 됩니다. 우리는 누구나 자기에게 꼭 맞는 미끼들이 있습니다. 보암 직하고 먹음직한 그것들의 이름은 각기 다를지언정 그 종말은 동일합니다.

사탄은 너무나도 그 미끼의 이름을 잘 알고 있습니다. 한 사람 한 사람에 꼭 맞는 맞춤형 미끼의 이름을 너무나 잘 알고 있습니다. 그래서 그것을 우리의 눈앞에서 살랑살랑 흔들며 우리의 혼을 빼앗고 있습니다.

우리가 보기에 너무나도 좋아 보이고 세상 무엇보다 귀해 보이는 그것이 정작 가장 소중한 존재인 '나'라는 존재보다 비할 수 없이 보잘것없는 것이라는 것을 깨닫지 못한 채 말입니다.

주님은 우리를 천하보다 귀하다고 말씀하신 것은 우리의 기분을 맞춰주고 추켜세워주려 한 립서비스가 아닙니다. 정말로 우리는 천하보다 귀한 존재임을 주님이 너무나 잘 아시기에 하신 말씀일 뿐입니다. 왜냐하면 주님이 자신의 생명을 드려 우리를 구원하셨기 때문입니다.

　우리는 종종 우리 눈앞에서 아른거리는 사탄의 미끼에 마음이 흔들릴 때가 있습니다. 그러나 우리는 그것에 우리의 마음을 빼앗기지 않는 것은 우리의 존재의 가치의 무게를 알기 때문입니다. 그 존재, 우리의 존재는, 피 흘리신 주님의 임재가 머무는 거룩한 터전임을 믿습니다.

고맙다, 오늘도 버텨주어서

초판 1쇄 발행   2024년 1월 23일

지은이   임동수

펴낸이   여진구
책임편집   안수경 김도연
편집   이영주 박소영 최현수 김아진 정아혜
책임디자인   노지현 마영애 | 조은혜 이하은
홍보·외서   진효지
마케팅   김상순 강성민   마케팅지원   최영배 정나영
제작   조영석 허병용   경영지원   김혜경 김경희

303비전성경암송학교 유니게 과정
이슬비전도학교 / 303비전성경암송학교 / 303비전꿈나무장학회

펴낸곳   규장

주소 06770 서울시 서초구 매헌로 16길 20(양재2동) 규장선교센터
전화 02)578-0003 팩스 02)578-7332
이메일 kyujang0691@gmail.com   홈페이지 www.kyujang.com
페이스북 facebook.com/kyujangbook   인스타그램 instagram.com/kyujang_com
카카오스토리 story.kakao.com/kyujangbook
등록일 1978.8.14. 제1-22

ⓒ 저자와의 협약 아래 인지는 생략되었습니다.
이 출판물은 저작권법에 의해 보호를 받는 저작물이므로 무단 전재와 무단 복제를 할 수 없습니다.

책값 뒤표지에 있습니다.
ISBN 979-11-6504-497-8 03230

규 | 장 | 수 | 칙

1. 기도로 기획하고 기도로 제작한다.
2. 오직 그리스도의 성품을 사모하는 독자가 원하고 필요로 하는 책만을 출판한다.
3. 한 활자 한 문장에 온 정성을 쏟는다.
4. 성실과 정확을 생명으로 삼고 일한다.
5. 긍정적이며 적극적인 신앙과 신행일치에의 안내자의 사명을 다한다.
6. 충고와 조언을 항상 감사로 경청한다.
7. 지상목표는 문서선교에 있다.

하나님을 사랑하는 자 곧 그의 뜻대로 부르심을 입은 자들에게는 모든 것이 合力하여 善을 이루느니라(롬 8:28)

Member of the
Evangelical Christian
Publishers Association

규장은 문서를 통해 복음전파와 신앙교육에 주력하는 국제적 출판사들의 협의체인 복음주의출판협회(E.C.P.A:Evangelical Christian Publishers Association)의 출판정신에 동참하는 회원(Associate Member)입니다.